LOU FLOREZ

El arte moderno
de la

Brujería

Despierta a la bruja que llevas dentro

GUÍA PARA PRINCIPIANTES PARA LA CREACIÓN DE HECHIZOS,
LA ELABORACIÓN DE MEDICINAS
Y OTRAS TRADICIONES DEL SUR GLOBAL

EDICIONES OBELISCO

Si este libro le ha interesado y desea que le mantengamos informado de nuestras publicaciones,
escríbanos indicándonos qué temas son de su interés (Astrología, Autoayuda,
Ciencias Ocultas, Artes Marciales, Naturismo, Espiritualidad, Tradición…)
y gustosamente le complaceremos.

Puede consultar nuestro catálogo en www.edicionesobelisco.com

Colección Magia y Ocultismo
EL ARTE MODERNO DE LA BRUJERÍA
Lou Florez

1.ª edición: octubre de 2023

Título original: *The Modern Art of Brujería*

Traducción: *David George*
Maquetación: *Marga Benavides*
Corrección: *M.ª Jesús Rodríguez*
Diseño de cubierta: *Enrique Iborra*

© 2022, Lou Florez
Obra publicada por acuerdo con Ulysses Press
a través de International Editors & Yáñez Co'S.L.
(Reservados todos los derechos)
© 2023, Ediciones Obelisco, S. L.
(Reservados los derechos para la presente edición)
Edita: Ediciones Obelisco, S. L.
Collita, 23-25 Pol. Ind. Molí de la Bastida
08191 Rubí - Barcelona - España
Tel. 93 309 85 25
E-mail: info@edicionesobelisco.com

ISBN: 978-84-1172-058-8
DL B-13837-2023

Impreso en los talleres gráficos de Romanyà/Valls S. A.
Verdaguer, 1 - 08786 Capellades - Barcelona

Printed in Spain

INTRODUCCIÓN

Al ascender, elevamos

—Mijo, llevo puesta algo de esa agua sagrada que tienes, ¿sabes? La que encontré en tu coche.

—Mamá, no tengo agua bendita en mi coche. ¿De qué estás hablando?

—Mijo, ya sabes, la que cuelga de la ventanilla.

Me agarró de la mano y me condujo a través de grupos de pollos hambrientos y de hierbas que llegaban hasta la cadera hacia el descolorido Buick de color azul claro de 1988, o «la barca», como yo lo llamaba. Tiré de la puerta del acompañante para abrirla y, señalando hacia la ventanilla, dijo:

—¿Qué es eso?

Mi veintena, al igual que mi coche, estuvo llena de una mezcla de cristales, platillos tibetanos, pies de pollo chamuscados atados al retrovisor para que me protegieran y un surtido de otras estupideces de «bruje» diseminadas por los asientos y los portavasos. Lo que creía que necesitaba entonces y el aspecto que tiene mi consultorio en la actualidad es radicalmente distinto. Un Anciano dijo en una ocasión que nuestro Oficio o Arte nos hace madurar y que nosotros hacemos madurar a nuestro Oficio.

—¿Qué es eso?

Atrajo mi atención, golpeándome con su dedo índice derecho, hacia la vasija de vidrio pegada a la ventanilla con una ventosa. Ya había tenido una conversación de «salida del armario de las escobas» con ella antes ese verano, por lo que cualquier cosa tenía el potencial de ser «brujería» para ella. En ese momento, pegó su dedo en la parte inferior de la ventanilla y, ungiendo sus muñecas con agua, se las frotó vigorosamente y se las olió.

Lo que ella había pensado que era agua bendita era, en realidad, lo que había quedado de las flores que había desechado hacía poco. Empecé a explicárselo, pero carecía de importancia para ella. La santidad formaba parte de su naturaleza esencial independientemente de si el objeto en cuestión había sido «bendecido». Nos reímos y nos ungimos mutuamente con dulces bendiciones hasta que no quedó ni una gota de agua.

¿Qué hace que un agua sea bendita o sagrada?

Mi madre era una Bruja.

No era la clásica bruja con un sombrero negro, con una piel del color de los mocos y que robaba las almas que aparecía en *El mago de Oz*, ni tampoco la versión moderna, molona, fantásticamente talentosa y chic, como las hermanas de la serie televisiva *Embrujadas*: era una mujer que saludaba a toda la gente con la que se encontrara en una habitación, y saludar a una persona implica mostrar interés por ella (por lo menos en ese momento). Generaba conexiones entre la gente, las narrativas, la comida y los artículos ornamentales triviales. Animaba la vida. Es decir: daba vida a la vida. Llevaba las cosas hacia un estado de convertirse en realidad. Ésa era mi madre, la Bruja.

Una Bruja(e)[1] es una mujer, una persona, un ser, una conciencia que anima o vierte alma hacia el interior del mundo. Son un estado de convertirse en realidad (de pie, parado, en el borde de la llegada; un cambio que empieza internamente y se propaga, poniéndose de manifiesto en un universo que es surrealista), un interpretación más jugosa, dulce y suculenta de un momento que del momento que le precede.

---

1. Un aspecto destacado de las conversaciones relacionadas con el género entre las poblaciones de habla española ha sido el uso de la letra o sufijo «-x» por parte de las comunidades latinxs en Estados Unidos como partícula o sufijo de género neutro de los nombres y pronombres. La letra «-e» ha sido usada históricamente con este fin por los caribeños y los centroamericanos y sudamericanos, pero debido al privilegio social que supone vivir en Estados Unidos, existe un movimiento hacia la codificación con la «x» como el sufijo legítimo de género neutro en la lengua española. Como mi política, solidaridad y respaldo están alineados con el español del Sur Global uso la «-e» en mis escritos.

Mi madre falleció el 6 de diciembre de 2020, a los ochenta y cinco años. Hay partes de mí que están empezando a despertar a esta pérdida, como los dolores fantasma de las extremidades amputadas. Sus familias del corazón y sus comunidades del alma se han puesto en contacto para compartir recuerdos (lugares en los que sus vidas se vieron cambiadas a través de sus interacciones) a través de mensajes de texto, emails, llamadas telefónicas y cartas.

Una Bruja(e) es una mujer, una persona, un ser o una conciencia que es recordada. Con esto queremos decir que se trata de un ser compuesto por los recuerdos de todos aquellos que la han conocido esparcidos por sus almas. Mucho después de su muerte física, estas facetas viven en las células de aquellos con los que se encontró. Se convierte en la voz interiorizada que habla de experiencias que no son las nuestras, de las sabidurías de vidas vividas en totalidad. ¿Qué es lo contrario de un carcinógeno? Una Bruja(e) es así.

En el verano de 2015, estaba en Instagram y me topé con una publicación que mostraba, gráficamente, los restos carbonizados de dos mujeres indígenas. El pie de foto describía cómo, en Perú, el Santo Oficio fue interiorizado como una agencia gubernamental encargada de perseguir a las Brujas: es decir, a aquellas que amenazaban las normas, los valores o jerarquías sociales. Los legados de la Inquisición en cuanto a los discursos de magia, hechicería y Brujería están inexorablemente unidos a historias de conquista y genocidio.

Una Bruja(e) es una mujer, una persona, un ser, una conciencia que vive en la periferia, las afueras, los límites, pero que hace de su vida el centro. Son soñadoras, artistas, activistas, pensadoras y elaboradoras de medicinas que están viajando para crear algo nuevo porque no hay incentivos para ellas en el presente. Los que viven en las afueras son los constructores de nuevas ciudades.

¿Qué es la Brujería en realidad?

La(s) Brujería(s) son una multitud de prácticas, tradiciones y mecanismos espirituales que se originan por todo el Caribe y América basadas no en ideologías religiosas ni en creencias en dioses/diosas ni en ningún otro intermediario, sino en una conexión personal con el propio poder de uno mismo y en una implicación del entorno físico y la naturaleza. La magia, en estos contextos, no es ajena a uno mismo ni está basada en la recitación de palabras «de poder» o de fórmulas, sino que consiste en la activación de la fuerza interior del alma que vibra en armonía (y que consiente a nuestro funcionamiento) con las vibraciones del mundo para dar lugar a un cambio duradero y relevante. La brujería está vinculada, en lo más profundo de su ser, a una comprensión de nuestro entorno (tanto urbano como rural, como cualquier punto intermedio) y cómo desarrollar y estar en contacto con la tierra y la ubicación.

Los pueblos que crearon lo que en la actualidad consideramos «Brujería» no se identificaron a sí mismos con esa etiqueta. Antes de la Conquista, más de mil tribus habitaban Norteamérica y Sudamérica. Tras el desembarco de Colón en 1492, españoles, portugueses, ingleses y franceses colonizaron el norte, el centro y el sur de América y el Caribe, y crearon plantaciones a gran escala que poblaron mediante el secuestro y la esclavización de africanos. Se estima que veintidós millones de personas fueron llevadas a América y el Caribe entre 1502 y 1866. Incluso después de su emancipación, estas comunidades han recibido muy poco apoyo y reconocimiento por su papel en la historia de América y, frecuentemente, se autodescriben como si las hubieran hecho «desaparecer» o se las hubiera «invisibilizado». Sólo los españoles llevaron, entre 1492 y 1824, a 1,86 millones de pobladores españoles a sus colonias en América. Aunque estas estadísticas y fechas son ingentes, no tienen en cuenta a los judíos, los norteafricanos ni las gentes de Oriente Medio ni de Asia que emigraron a estas áreas a lo largo de los siglos. Todas estas voces, culturas y formas de trabajar con el Espíritu se han etiquetado como demoníacas, poco cristianas, primitivas y, por lo tanto, como «brujería» o hechicería.

Incluso aunque hubiese existido alguna vez una cosa tal, no hay ninguna tradición ni hechicería pura o perfecta. No existe una única forma de practicar y crear hechizos, ceremonias o rituales. Tengo la esperanza de compartir no sólo las recetas, sino el porqué y el cómo la gente formula: el Espíritu, el ánima o las fuerzas que infunden vida que animan el trabajo además de las técnicas para mover energía, fuerza vital y Espíritu.

Una de las principales diferencias entre la Brujería y otras tradiciones globales de hechicería no es sólo la diversidad de culturas y sus conocimientos sobre las historias, las esencias botánicas (extractos naturales), los ciclos y ritmos de la naturaleza y la implicación de sus panoramas espirituales, sino también la diversidad biorregional de seres vegetales, animales y minerales a lo largo del Nuevo Mundo. A medida que se produjeron las migraciones, los desplazamientos y las interacciones, las tradiciones y las medicinas de los pueblos se transformaron para dar cabida no sólo a los nuevos entornos, sino también a los Espíritus que estaban y están vivos en ellos.

Principios

Con este contexto en mente, me gustaría aportar unos principios que unen estos distintos legados y tradiciones.

- El Espíritu y los espíritus existen.[2]
- Todo lo que existe tiene un Espíritu.
- Nuestros espíritus pueden afectar a la realidad física.
- La «magia» es una práctica de oración tangible que desarrolla relaciones con y entre seres vegetales, minerales y animales y los armoniza con nuestro deseo o nuestra voluntad.
- La «magia» no es una panacea ni un sustitutivo del estar completamente implicados en nuestra vida.
- El remedio para cualquier desequilibrio espiritual, mental, o emocional podemos encontrarlo en nuestro interior y en nuestro entorno físico.
- Las Brujas sólo se necesitan a sí mismas y a sus Espíritus. Todo lo demás es un mero apoyo.

---

2. La palabra *Espíritu* hace referencia a la fuerza vital emanadora o ánima que se encuentra en cada aspecto de la creación, mientras que *espíritus* se refiere a entidades o seres individuales.

CAPÍTULO 1

DESPERTAR A LA BRUJA EN TU INTERIOR

Conectarse, centrarse, percibir, recolectar

El foco de nuestro trabajo en este capítulo consistirá en estudiar métodos y técnicas para comprender qué es la energía y cómo percibirla en nosotros y en nuestro cuerpo; recolectarla y aprovecharla en nuestro interior y en el entorno; y, por último, cómo mover nuestra atención-concentración-conciencia-energía, tanto internamente como en el mundo. Ésta es la base fundacional sobre la que se desarrollan todas las otras artes de la Brujería.

Configurar tu diario de laboratorio de la Brujería

Inicia un nuevo diario y etiquétalo como «Laboratorio de Brujería». Éste será el lugar en el que podrás experimentar, registrar tus hallazgos y crear una comunidad tanto conmigo como con el grupo de gente que lea el texto simultáneamente contigo. Puede ser un archivo viviente: un hechizo animado para las generaciones venideras.

En su primera página escribe «Ejercicio de Brujería: Reconocer a las Bruja(e)s». Escribe acerca de las preguntas que aparecen a continuación. Estudia la definición de escribir en un diario creando algo que sea importante para ti: esto es tuyo, tu Brujería. Permítete experimentar con cómo defines «escribir» y «textos» dibujando, haciendo collages, haciendo referencias al arte, la música, los aromas, las texturas: cualquier forma o medio al que te veas llamado a expresar la experiencia.

Pregunta 1: ¿Cuál fue tu primera experiencia de la Brujería[3] y de la brujería?
Pregunta 2: ¿Cuáles fueron tus reacciones?
Pregunta 3: ¿Qué es una Bruja(e)?
Pregunta 4: ¿Que hace una Bruja(e)?
Pregunta 5: ¿Cómo son tratadas las Bruja(e)s por su familia?
Pregunta 6: ¿Cómo son tratadas las Bruja(e)s en la sociedad?
Pregunta 7: ¿Por qué querrías ser una Bruja(e)?

¿DE DÓNDE VENIMOS?

¿Quiénes son las Bruja(e)s de las que procedes, de Sangre, Amistad, Inspiración y Espíritu?

Las ceremonias. Los rituales y la hechicería son elementos para asentar una base, un lugar de encuentro en el que el Espíritu puede entrar, aterrizar y luego alzar el vuelo. Un pájaro, al igual que un hechizo, como el Espíritu, debe consentir en posarse, a pesar de nuestras llamadas. Como elaboradores de medicinas, como Bruja(e)s, nuestra tarea consiste en crear las estructuras de estos espacios: ésa es la encrucijada a partir de la cual empezamos.

---

3. Empleo el término *Brujería* para hablar de cambios reales en nuestra vida basados en nuestras prácticas y disciplinas espirituales frente al vocablo *brujería*, que consiste en la teatralidad de los juegos de manos y las cortinas de humo de las «brujas de Instagram» que hacen que parezca que todo lo que tengas que hacer sea encender una vela para tener una vida magnífica.

Como forma de reconocer y desarrollar la base de nuestro trabajo en este libro, de invitar al Espíritu dentro de este texto, de este hechizo, de este cambio, ofrezco este ejercicio de libación. El agua simboliza la conexión, el aplomo, la claridad y las energías que se encuentran en el umbral que concilian a este mundo con el próximo. Es el elemento del útero cósmico. Éste es el elemento necesario para la vida y que conecta a toda la vida en este planeta.

La libación, una ofrenda de agua

Ingredientes: Un pequeño recipiente con agua.
Empieza con tu dedo medio derecho y esparciendo un poco de agua sobre el suelo durante los siete primeros párrafos de la libación. Ésta representa una ofrenda de agua a cada una de las entidades y Divinidades en tu vida. Después de esta rociada inicial de agua, puedes retirar el recipiente y quedarte de pie en una posición de meditación cómoda. Durante todo el proceso y a lo largo del resto del libro, es importante que pronuncies físicamente tus oraciones, intenciones y hechizos para activar la potencia y el poder de la boca con el fin de nombrar y crear los cambios que estás buscando.

> Agua fresca, agua dulce,
> Agua para los Espíritus que habitan en nuestro interior,
> Agua a las Divinidades de la Encrucijada: esos seres que transmiten nuestras plegarias a los otros reinos y traen de vuelta sus respuestas.
> Agua a la Tierra bajo nosotros y a todos los Administradores del Terreno.
> Agua a los Antepasados Trascendentes, esos seres que pueden rehacer el cosmos en un abrir y cerrar de ojos.
> Agua a todas las Divinidades y las Fuerzas de la Naturaleza que trabajan continuamente para inspirar a la humanidad.
> Agua de nuevo a las Divinidades de la Encrucijada para asegurar que las oraciones y los mecanismos que hemos puesto de manifiesto lleguen con gracia, belleza y dulzura.

Invocamos a estas Fuerzas, las Divinidades de la elevación y la inspiración, para que escuchen nuestras voces y plegarias.

Cierra las carreteras y bloquea las puertas a todas las fuerzas y seres invalidantes.

Evita a los Espíritus de la pobreza, la contención, el conflicto, la enfermedad, el padecimiento, la lucha, el trauma, el caos, el litigio, las maldiciones, la envidia, los celos, el capacitismo, el racismo, la discriminación por género y sexual, y los sistemas de opresión y todas las entidades que buscan hacer daño.

Os invocamos, Divinidades, para que nos hagáis invisibles frente a estas fuerzas, y que allá donde ellas puedan buscar no me puedan ver.

A los linajes de nuestras madres, a los linajes de nuestros padres, a todos los linajes del corazón, la inspiración y el Espíritu: nunca nos dejéis ver la muerte antes de que haya llegado nuestro momento.

Ofrecemos plegarias y honramos al Creador, el Gran Útero de Luz, en el que todos surgimos y en el que volvemos a nacer.

Ofrecemos honor y oraciones a los Antepasados Trascendentes que se sientan a los pies del Creador y rezan continuamente en nuestro nombre.

Ofrecemos honor y plegarias a nuestros Guías Espirituales, Maestros Elevados, Guardianes y Protectores Sagrados y Comunidades Espirituales Evolucionadas en los otros reinos.

Ofrecemos honor y oraciones a los Espíritus que habitan en nuestro interior, a nuestro Yo plenamente realizado más liberado, que nos proporciona orientación, sabiduría y apoyo mientras llevamos a cabo nuestras peregrinaciones hacia nuestra realización.

Ofrecemos honor y plegarias a nuestras comunidades de práctica y a las medicinas que nos han enseñado.

Pedimos autorización y permiso hoy a los poseedores de la medicina, los trabajadores espirituales, las sacerdotisas, los sacerdotes y los oficiantes que nos han mostrado cómo avanzar en el carácter y la buena medicina, y les pedimos que orienten a nuestras manos y nuestro ánimo mientras trabajamos.

Así se dice, así es y así se pone de manifiesto.

La Brujería es más que lo relacionado con las «brujas» y la «hechicería». Estas tradiciones, tanto antiguas como nuevas, son prácticas para transformar la supervivencia en prosperidad a pesar de los sistemas de opresión creados inintencionadamente. Son Prácticas de la Sabiduría del Mundo que están siendo defendidas no en oposición a la modernidad, sino como una senda distinta para caminar hacia el futuro. ¿Por qué Occidente eleva al cristianismo, el islam, el budismo y el hinduismo como las únicas sendas hacia la autorrealización y qué significa eso para nuestras experiencias y tradiciones? ¿Quién se beneficia de este posicionamiento?

RESPIRACIÓN ACTIVA

Nuestra respiración contiene nuestra fuerza vital, nuestra vitalidad y nuestra conciencia, y al ir avanzando por el libro habrá lugares en los que, literalmente, la verterás en tu trabajo para unificar los ingredientes y hacerles cobrar vida.

El foco de esta meditación consiste en aportar conciencia a tus pensamientos y emociones y aprender cómo trabajar con ellos a medida que surjan para estar plenamente presente en el trabajo. Este proceso ayuda a establecer una base de paz y tranquilidad y a liberar todos los pensamientos y sentimientos reactivos que no forman parte de la práctica.

Un método sencillo para tranquilizar al corazón, la mente y el Espíritu consiste en respirar y suavizar la mirada interior (estar atento y concentrado, pero no de forma mecánica. Si surge un pensamiento o una emoción que te distraiga, reconócelo y vuelve a centrar tu atención en la respiración).

1. Empieza vaciando los pulmones completamente y aguantando la respiración hasta contar hasta cuatro.
2. Inspira mientras cuentas hasta cuatro, de modo que los pulmones se expandan totalmente y se llenen del todo (imagina que la respiración llena los pulmones a lo largo de todo el camino desde la garganta y la boca).

3. Aguanta la respiración mientras vuelves a contar hasta cuatro, manteniendo la garganta abierta y relajada.
4. Espira, contando hasta cuatro, hasta que sientas que los pulmones están completamente vacíos.
5. Aguanta, tras espirar, hasta que hayas contado hasta cuatro y recuerda que la boca, la garganta y el pecho deben estar completamente relajados, y no tensos.
6. Repite el proceso: vacía los pulmones y aguanta la respiración hasta haber contado hasta cuatro; inspira mientras cuentas hasta cuatro; aguanta la respiración hasta contar hasta cuatro; espira mientras cuentas hasta cuatro; aguanta hasta haber contado hasta cuatro; inspira mientras cuentas hasta cuatro.

Nota: Esta práctica consiste en encontrar tus ritmos personales, así que experimenta. Prueba esta práctica contando. La intención es dar con un ritmo que te permita estar sentado tranquila y cómodamente. Una vez que des con un ritmo adecuado, ve contando mientras respiras a lo largo de dos o tres minutos hasta que te sientas tranquilo y relajado, y luego regresa a tu patrón de respiración normal. Llegado a este punto, podrás continuar con tu hechicería, ritual o ceremonia.

EXPERIMENTO DE VISUALIZACIÓN (ABRIR EL OJO DE LA MENTE)

Una de las herramientas más geniales que una Bruja(e) tiene en su arsenal es su capacidad de visualizar: de formar y conservar imágenes mentales. Para cualquiera que esté interesado en la Brujería, la magia o la hechicería, esta disciplina es de vital importancia porque te ayuda no sólo a conservar la idea, sino también las energías de aquello que estás trabajando para crear. Si no puedes visualizarlo, no puedes ponerlo de manifiesto. A continuación, tenemos una serie de ejercicios que pueden ayudar a desarrollar estos conjuntos de habilidades y que formaron parte de mis fundamentos mágicos mientras empezaba.

El juego de Mariah: Éste es un ejercicio divertido pensado para estimular la memoria y desarrollar tu capacidad de recordar objetos a un nivel sensorial.

1. Encuentra a alguien que recoja al azar entre quince y veinte objetos pequeños y que los coloque en una bandeja.
2. Concéntrate en ellos durante un minuto y luego tápalos con un trapo.
3. Elabora una lista enumerando tantos de los objetos como puedas recordar.
4. Cuando ya no puedas recordar más, retira el trapo de la bandeja y compara. ¿Cuáles has recordado y cuáles olvidado?

Al empezar a trabajar con tu memoria, retoma este ejercicio para ver cuánto has mejorado.

Pelota de goma: A veces la gente tiene preocupaciones sobre su capacidad para recordar ciertas formas u objetos en su mente, y esto puede suponer un comienzo para desarrollar esta habilidad. Todos los músculos se atrofian si no se usan, y lo mismo puede pasarles a los músculos de nuestra imaginación y visualización.

1. Dibuja una pelota sencilla, sin adornos ni colores, e intenta conservar esa imagen en tu mente tanto tiempo como puedas.
2. Una vez que creas que has cumplido la tarea con éxito, añade color a la imagen.
3. Por último, añade textura a la pelota y mantén la imagen completamente acabada en tu visualización.

Estos dos primeros ejercicios suponen una base excelente. A continuación, intenta jugar con ellos un poco más para ver el grado de detalle al que puedes llegar con tu imaginación.

Lugar familiar: En este ejercicio imaginarás un lugar que conozcas muy bien y te sea muy familiar, y trabajarás para recordar tantos detalles sensoriales como puedas.

1. Escoge cualquier lugar que te resulte fácil de recordar.
2. Empieza por imaginarte observando todos los detalles y rasgos de ese lugar mientras te vas desplazando por la imagen en tu mente. Intenta ser tan concreto como puedas con los colore, las texturas, las formas y la iluminación. Emplearás tus sentidos al máximo para explorar este recuerdo.
3. Si eres capaz de acceder a ese espacio en tu vida actual, compara tus recuerdos con el aspecto que tiene ahora. ¿Qué objetos has pasado por alto, de qué cosas te has dado cuenta y hay alguna razón por las cuales te has dado cuenta de ellas?

ÓRBITA MICROCÓSMICA (COMBINA RESPIRACIÓN Y VISUALIZACIÓN)

Esta técnica tiene su origen en las prácticas Chi Kung del taoísmo que nos ayudan a cultivar y mover nuestras energías internas y nuestra fuerza vital mediante una combinación de técnicas de respiración y de visualización. El término *órbita* hace aquí referencia al movimiento en círculos de luz energética alrededor de cuerpo, y esta práctica tiene el objetivo de ayudarte a reunir cualquier energía perdida o errante, unirlas con tu fuerza vital y elevarlas desde tu centro de energía raíz hasta tu coronilla y a la inversa, generando una energía que orbite.

1. Da con una posición cómoda para sentarte y empieza con la meditación mediante la respiración que aparece en este capítulo.
2. Concentra la atención en la zona que se encuentra a medio camino entre el ombligo y los huesos púbicos, y visualiza las energías que se encuentran ahí.
3. Espira por completo.
4. Mientras haces una respiración profunda, empieza a visualizar una corriente de energía dorada que fluye desde este punto central en tu cuerpo y síguela mientras viaja por debajo del hueso púbico hacia el cóccix (la base de la columna vertebral).
5. Siguiendo a esta corriente de energía, percibirás que empieza a ascender por la columna vertebral y la parte posterior del cuello.

6. Mientras fluye, subiendo, por el cuello, ahora esta luz dorada prosigue por la parte posterior de la cabeza y sobre la coronilla.

7. Desde la coronilla fluye sobre la frente y viaja hasta el tercer ojo.

8. En este momento sigues inspirando. Ahora te detendrás hasta contar hasta tres antes de espirar.

9. Tocando el velo del paladar con la lengua (creando así un circuito para que las energías se desplacen), permite, lentamente, que la energía descienda por el exterior de la cara, sobre los labios y dientes y que fluya a través del paladar duro.

10. Desde el paladar duro, la corriente se desplaza en sentido descendente por la lengua y garganta, atraviesa la mandíbula, pasa sobre los dientes y el labio inferior y desciende por la barbilla.

11. Continúa siguiendo a este canal de luz mientras irradia hacia abajo desde la barbilla hacia la garganta, desciende por el torso y, finalmente, completa el circuito en el punto en el que comenzaste (la zona situada entre el ombligo y los huesos púbicos).

12. Detente de nuevo mientras cuentas hasta tres antes de inspirar otra vez y vuelve a iniciar la órbita.

PROCEDIMIENTOS PARA TODAS LAS RECETAS, HECHIZOS Y RITUALES DEL LIBRO

Éstos son los pasos y las metodologías en las que te implicarás mientras trabajas con el resto del libro.

1. Llega a tu espacio con un estado de ánimo positivo y dispón de un área limpia desde la que trabajar, ya que todo lo que estés sintiendo, aquello sobre lo que estés pensando y a lo que dediques energía será absorbido por el material.

2. Prepara tu espacio, asegúrate de que las cosas estén al alcance de tu mano y de tu vista, además de seleccionando la música y otras experiencias sensoriales, como la bebida, las texturas e incluso la forma de escoger los ingredientes. Querrás que todo el entorno reverbere con tu intención a través de cada uno de los cinco sentidos.

3. Reúne todos los suministros y compruébalo todo dos veces antes de empezar, ya que no hay nada más irritante que tener que levantarte para buscar cosas. Como yo me olvido fácilmente de dónde guardé por última vez un objeto, puedo pasar quince minutos buscando unas tijeras. Además, esto hace que lleve tiempo regresar al flujo de energía, y ese patrón de empezar y parar puede fastidiar toda la sustancia y el placer del proceso.

4. Empieza a centrarte y carga tus energías con el ejercicio de respiración y la órbita microcósmica (*véase* más arriba).

5. Los siguientes pasos parecen insignificantes, pero consisten en honrar, pedir permiso y aportar un propósito a cada uno de los ingredientes. Recuerda que no tiene por qué tratarse de una gran creación, sino que consiste en acoger la conciencia de todo con lo que te impliques.

Empieza limpiando espiritualmente y honrando al frasco y las herramientas que usarás. A algunas personas les gusta tomar algo de Agua Florida ya preparada u otras aguas espirituales para limpiar, suavizar y eliminar cualquier energía negativa. A continuación, puedes expresar una intención verbal que alinee el instrumento con el objetivo de la tarea y pasarlo por incienso o sahumarlo. Como opción para el sahumado, puedo pensar en una mezcla de copal, tabaco y milenrama, o en un carbón de incienso sobre un plato ignífugo.

CAPÍTULO 2

BÓVEDAS Y AGUAS FLORIDAS

Las artes de la veneración de los ancestros, la mediumnidad y el trabajo con los muertos

Bóvedas: Creando el altar de los ancestros

El término *bóveda* tiene un significado doble: un espacio seguro en el que guardar tesoros, además de una sala o edificio con los techos en forma de arco. Se trata de lugares sacros con la arquitectura propia de un lugar sagrado. Si los unimos, apuntan hacia un espacio seguro en el que puedes guardar tus tesoros y permitir que las oraciones y la conciencia asciendan. A medida que avances, recuerda que estás dando la bienvenida al Espíritu internamente para que te ayude a crear el cambio que estás buscando externamente.

CREAR LA BÓVEDA EN TU HOGAR

La bóveda física o la cúpula espiritual para tus veneraciones de los ancestros pueden crearse sobre cualquier superficie: desde el suelo hasta una mesa, un estante de una librería o de una chimenea, o en un armario o una alacena. Creado para ser un portal físico o una puerta de entrada para que los fallecidos accedan a nuestro hogar, actúa a modo de punto focal para despertar, evocar y desarrollar relaciones con nuestros seres queridos difuntos.

Preparación

Encuentra un lugar silencioso y tranquilo al que no puedan acceder fácilmente los niños ni las mascotas. A modo de sugerencia, puedes encontrar un espacio en una esquina de una habitación o en zonas con poco tránsito de personas donde puedas erigir tu altar para así asegurarte de que los objetos no sean movidos accidentalmente por familiares o invitados. Empieza por limpiar la zona a conciencia tanto física como espiritualmente con cualquiera de las recetas de Agua Florida (el Agua Florida es un perfume espiritual que atrae fuerzas positivas, tranquiliza y calma al Espíritu que habita en nuestro interior y repele la negatividad y las fuerzas negativas), y purifica el espacio espiritualmente usando incienso. Un ejemplo de una mezcla de incienso que podría usarse con este fin sería la de tabaco, salvia mexicana, romero, copal e incienso del árbol *Boswellia sacra*. Por último, demarca la zona con una línea de cascarilla (una tiza blanca hecha de cáscaras de huevo reducidas a polvo que podrás comprar en la mayoría de las tiendas que venden hierbas y amuletos para la práctica de la santería) con el fin de asegurarte de que las entidades que acudan a tu hogar sólo sean los antepasados a los que pretendes invocar.

ELEMENTOS CLAVE PARA LA BÓVEDA

Mantel: Se suele usar un mantel blanco o de color claro para circunscribir y apaciguar el espacio espiritual. Las telas de colores claros reflejan el calor y la negatividad, y elevan el área desde el punto de vista de la vibración.

Flores: Las flores, que son un principio dador de vida en el altar que representa nuestras comunicaciones, plegarias e intenciones, proporcionan energía y revitalizan el altar.

Vaso o vasos con agua: El agua refresca a los muertos después de su largo viaje. El agua representa la vida, la vitalidad y la comunicación entre los reinos y refresca, calma y dispersa el calor y las energías negativas. El agua también contiene las energías de todo lo que toca y lleva nuestras oraciones en su interior.

Vela: El fuego, que representa la iluminación y la capacidad de percibir, sentir y ver, nos conecta con el Creador, simboliza la elevación y la evolución, y es el principio transformador que nos permite ascender al siguiente nivel (*véase* el cap. 6).

Fotos de familiares fallecidos: La familia es, sencillamente, eso: familia, independientemente de cómo la definas. El mejor consejo posible consiste en tener fotos de familiares que llevaron una buena vida y una existencia ordenada. Frecuentemente, otras personas creen que deben tener a todos en el altar, pero, a estos efectos, estás pidiendo que estén presentes tus antepasados elevados, y no toda la gente fallecida con la que estás emparentada.

Perfumes: Si sabes de algún perfume o aroma que les encantara a tus ancestros, piensa en rociarlos sobre el altar cuando estés llevando a cabo el trabajo de oración, además de conservar una pequeña botella en el altar para atraerles hacia ti. Los perfumes elevan, incrementan el atractivo y protegen, y ponen otro nivel de defensa sobre la mesa (*véase* el cap. 5).

Incienso: El humo sagrado es un elemento intercultural que respalda y apoya dependiendo de la intención y del tipo usado.

DESARROLLO DE RELACIONES CON LA BÓVEDA

Ocúpate físicamente de esta zona cada semana limpiando y reemplazando el agua; renovando las flores; eliminando el polvo, los restos y los desperdicios del altar físico; y retirando cualquier ofrenda o material orgánico antes de que se echen a perder.

Con frecuencia, a la gente le gusta celebrar un servicio espiritual para sus antepasados preparando comidas y bebidas que les gustaban, hablando acerca de su vida frente al altar, reproduciendo música y, en general, compartiendo su vida con los difuntos queridos. Quienes están comenzando con estas prácticas suelen creer que tienen una razón especial para hablar con sus antepasados o que sólo pueden hablar con ellos en su tumba o en un espacio dedicado a los ancestros, pero en realidad tenemos acceso a ellos con independencia de dónde nos encontremos porque existen, principalmente, en nuestro cuerpo, corazón y conciencia.

EJEMPLOS DE SERVICIOS

A continuación, tenemos muestras de oraciones que pueden recitarse para abrir las líneas de comunicación y sacar a la luz presencias de ancestros elevados. Los servicios u oficios pueden celebrarse en cualquier momento y cualquier día de la semana, pero considero que llevarlos a cabo a primera hora de la mañana los domingos ayuda a orientar mi semana. Frecuentemente empiezo con estas plegarias, hago ofrendas y reproduzco música en mi altar y hablo con ellos de lo que sea que se encuentre en mi corazón y mi mente. Al final del servicio, doy las gracias a todos aquellos que han aparecido, les pido que sigan caminando a mi lado y que estén en mi vida y hago sonar una campana para liberar las energías y regresar a mi conciencia cotidiana.

Honrar al Creador
Creador, te saludo a ti y al nuevo día. Rezo a las cuatro direcciones, a los elementos y a todas las energías que crean continuamente el mundo de nuevo. Estas fuerzas nos aportan los recursos de las medicinas, las energías y el apoyo para sostener a la Tierra y a todos los que viven en ella. Nos aportan todas las cosas que proporcionan sustento y alimentan a nuestro Espíritu y fortalecen nuestro cuerpo. Cuando caminas con nosotros, somos victoriosos y rendimos homenaje a los caminos que has creado. Cuando eres nuestro aliado, nada puede bloquear el poder del Espíritu. Doy las gracias por los principios dadores de vida en la Creación. Esto nos aporta los alimentos del bosque, los dulces placeres de la existencia. Doy las gracias al Creador y a la Luz y la Vida en la Tierra.

Honrar al Espíritu del que procedemos

Chispa de la Fuente, Espíritu que emana que da vida a todas las cosas, nosotros mismos nos convertimos en Manifestación. Con el Ser inmortal vivo en el interior de todos nosotros nunca moriremos. Cuando el Espíritu dador de vida llegue a la Tierra nunca moriremos. El mismo nombre que le damos al Destino es el mismo nombre que le damos a los que nos han salvado. El Espíritu de la Manifestación ha aparecido, nuestro amigo ha vuelto para nuestra reunión, y nuestra celebración comienza. Vengo a rezar ante el árbol sagrado. Vengo a rezar ante el árbol que lleva mis plegarias a los Antepasados. La celebración ha regresado. Sé los labios de nuestras oraciones; sé los ojos de nuestras plegarias; oye, toca y saborea nuestras oraciones. Chispa que emana, elimina cualquier obstáculo o bloqueo de nuestros caminos y abre las sendas para que los Antepasados Trascendentes lleguen.

Oración para el Espíritu Guardián Sagrado

Espíritu Guardián Sagrado, ayudante que has visto el sufrimiento de mi ser y las aflicciones en mi vida, no me rechaces en mi nivel más bajo ni te apartes de mi lado por mi inconstancia o mi mala conducta. No dejes espacio para que el mal me someta con las opresiones dirigidas a este cuerpo mortal, sino que tómame de mi mano temblorosa y extendida y condúceme por el camino de la liberación. Ser Sagrado Sorprendente y Benefactor del Creador; guardián de mi cuerpo, mente y Espíritu, perdóname por todas las veces que yo mismo he generado problemas en este día y en todos los días de mi vida; y si he actuado con una mala conducta de alguna forma este día y en el futuro, muestra, por favor, Guardián Sagrado, compasión. Protégeme esta noche y mantenme alejado de cualquier afrenta del enemigo, para que no enfurezca al Creador por cualquier mala decisión que tome; e intercede en mi nombre ante las Divinidades, de modo que el Espíritu pueda fortalecerme y moldearme para ser alguien limpio en el que pueda habitar la bondad.

Los guías espirituales

Espíritus bondadosos y considerados, mensajeros del Creador, centinelas cariñosos a los que se ha encomendado la misión de ayudarme a crecer en sabiduría y amor, os pido que me proporcionéis vuestro apoyo mientras me enfrento a las decisiones cotidianas. Ayudadme, oh cariñosos guías, a tener la fortaleza de carácter para resistirme a los pensamientos perniciosos y para oponerme a la tentación de escuchar a las voces de entidades malvadas que me inducen a errar. Iluminad mis pensamientos y ayudadme a reconocer las reflexiones y los comportamientos que son regresivos. Eliminad el velo de la ignorancia de mis ojos, de modo que pueda reconocer los lugares para crecer.

A ti, _____ (si conoces el nombre de tu guía principal, puedes emplearlo aquí, y si no, simplemente pide a tus guías espirituales en general), a quien yo en particular reconozco como mi guía, y a todos los otros buenos Espíritus que se interesan por mi bienestar, os rezo para ser digno de vuestra consideración. Conocéis mis necesidades y, por lo tanto, os solicito que me ayudéis a mejorar mi vida mientras me acerco más al Creador.

Interpretación de la oración de San Francisco

«Creador, conviérteme en un instrumento de tu paz. Allá donde haya odio, permíteme sembrar amor; allá donde haya heridas, perdón; allá donde haya duda, fe; allá donde haya desesperación, esperanza; donde haya tristeza, alegría. Oh, Divinidad de lo Más Alto, concédeme que no busque tanto ser consolado, como que pueda ofrecer consuelo; no tanto ser comprendido, como que pueda comprender; no tanto ser amado, como amar; ya que es dando como recibimos, es perdonando que somos perdonados, es transformándonos a nosotros mismos que somos verdaderamente liberados».

Tarea: A lo largo de los próximos siete días, renueva el agua de tu bóveda cada mañana y lleva tu vaso al exterior y reza. Conecta con el firmamento y con el Cielo, pidiendo que tus guías espirituales se acerquen más a tu vida.

Las flores y sus significados y asociaciones en el altar

Sé consciente de las flores por las que te sientes atraído y de a quién o qué representan para ti. ¿Hay flores concretas relacionadas con ciertos recuerdos? ¿En qué consisten estos recuerdos? ¿Huelen las flores? ¿Qué te atrae de ellas? Guarda en tu mente las respuestas a estas preguntas cada vez que reemplaces las flores en el altar y muéstrate intencionado con respecto a las flores que escojas.

Flores blancas: Representan a los fallecidos recientemente y su viaje evolutivo. Ayudan a los difuntos a dejar atrás el mundo sensorial y representan la pureza (todo lo que no es propio de nosotros es eliminado), la luz y la iluminación interior, y la inmortalidad de nuestro Espíritu. Abren la comunicación con el Creador y nuestros guías espirituales y son ayudantes que pueden calmarnos cuando estamos agobiados desde el punto de vista de la energía.

Flores rojas: Nos ayudan a desprendernos de los problemas en nuestra vida, asumen el control de los problemas, ven posibilidades de victoria y combaten a las energías negativas.

Flores radiantes: Representan la personalidad en cuanto a la energía de los difuntos y ayudan a convertir el duelo en liberación y alegría.

Lirios: Representan una vida nueva, el renacimiento, la dulzura y la alegría. Son recordatorios de la gracia impresionante en torno a nuestra vida y la inocencia que yace debajo de la superficie de nuestros traumas.

Iris: Representan el puente arcoíris que conecta a los vivos con los reinos de los ancestros y su presencia en nuestra vida a pesar de que pasen desapercibidos.

Girasoles: Los girasoles, que son una ayuda para la elevación, la protección, la manifestación, la dulzura y la conectividad, reflejan la iluminación y la chispa del Creador en nuestro Espíritu. Abren las puertas a los guías espirituales y a los antepasados con conexiones con las regiones norteafricana, de Oriente Medio y del sur del Mediterráneo.

Azucenas/nardos: Nos protegen de los espíritus y las entidades negativos o desorientadores como si fueran ayudantes de los guardianes. Dulcifican, seducen y encantan, y también están implicados como afrodisíacos al cocinar con chocolate.

Rosas: Elevan nuestro Espíritu y nuestra conciencia y nos ayudan a crear vínculos, relaciones y conectividad con aquellos que viven y con los que han fallecido. Promueven el centramiento de nuestros sentimientos y experiencias y tienen que ver con la sensación de como si te encontraras «en medio de un jardín de rosas».

Caléndulas: Representan transiciones, transformación, bendiciones solares, renacimiento y la vida después de la muerte. Se consideran flores de los muertos en las comunidades centroamericanas y sudamericanas.

Margaritas: Representan el matrimonio, la fertilidad, el alumbramiento, el amor y los primeros enamoramientos.

Gladiolos: Representan la fidelidad, el recuerdo, los modelos a imitar y la valentía.

Claveles: Representan la admiración, la suerte, la purificación y la gratitud.

Agua Florida

Las aguas florales, como el Agua Florida, la Loción Pompeya, la Kolonia 1800, el Agua de Sándalo, el Agua de Violetas, el Agua de Rosas, y la Kolonia 1800 Tabaco se incluyen en la categoría del trabajo de mejora, tranquilización, equilibrio y elevación. A medida que vamos sintonizando con cómo mantenemos nuestras energías y lo fácil que es volverse abrumados, agotados, exaltados, caóticos y desplazados en nuestro interior en la vida cotidiana, empezamos a buscar herramientas que puedan contrarrestar, reequilibrar y volver a vigorizarnos (como nota al margen, Agua Florida significa «agua floral», y no es agua del estado de Florida, como el nombre podría sugerir).

Los olores moldean la forma en la que percibimos el mundo, y las artes de la perfumería han desempeñado papeles importantes no sólo en nuestra historia compartida, sino también en cada aspecto de nuestra vida, especialmente el espiritual. Desde las rosas hasta la carne podrida, el Espíritu y los espíritus han sido frecuentemente relacionados con fragancias mientras emanan, y la perfumería espiritual involucra a la energética de la fragancia y cómo poner de manifiesto estados concretos con su uso.

El Agua Florida, al igual que la mayoría de las fragancias enumeradas anteriormente, no empezó siendo un perfume espiritual, sino que fue incorporado a la Brujería para invitar al Espíritu interiormente, a nuestro entorno y a nuestros altares de diversas formas. En primer lugar, como el aroma es principalmente floral, cítrico y especiado, se considera que es una colonia espiritualmente dulce. Las sustancias dulcificadoras se estiman atrayentes, vigorizantes y poseedoras de una naturaleza que eleva la energía. La dulzura también sirve a modo de fuerza protectora porque las entidades negativas y que tienen una baja vibración quieren permanecer en su vibración y no ser elevadas. Puedes imaginarte este funcionamiento de la misma forma en que, cuando estás de mal humor, la última persona de la que quieres estar cerca es de alguien superalegre: así es cómo funciona, espiritualmente, el Agua Florida.

En segundo lugar, a medida que este perfume se hizo más popular, la gente se relacionó más con él y lo usó durante toda su vida. El olor es una de las formas más rápidas de evocar el recuerdo de una persona, un lugar y una experiencia, y si de verdad estamos abriendo un portal en nuestro interior para que el Espíritu entre, recurrimos a todos los recuerdos y asociaciones que tenemos con la energía que queremos emanar.

Breve historia de este perfume

El Agua Florida se originó en Norteamérica a mediados del siglo XIX, y alrededor de esa época, los alcoholes, aceites y otros medios perfumados se diferenciaron de las sustancias medicinales o alopáticas, obteniendo inspiración de fórmulas medicinales/espirituales como el Agua de Hungría, del siglo XIV, una fragancia basada en el romero usada para promover un envejecimiento elegante; el Agua de Lavanda, una medicina del siglo XV que supuestamente calmaba el sistema nervioso y tranquilizaba la mente; y el Agua de Colonia, una fórmula del siglo XVI que no sólo fue usada como perfume, sino que también tenía indicaciones para su uso interno con el nombre de Aqua Mirabilis (agua milagrosa).

Se dice que el Agua Florida combinaba las propiedades de todas estas recetas y, con el tiempo, la mayoría de las farmacias del país tuvieron su propia versión elaborada por los farmacéuticos de la botica usando componentes sintéticos. Aunque los atributos espirituales del perfume permanecieron, el material vegetal y las formas de obtenerlo medicinalmente pasaron de moda debido a su elaboración y el coste y el tiempo de producción. A lo largo del resto del siglo xix y hasta el presente, el Agua Florida se ha difundido a nivel mundial, y cada cultura ha añadido su propia versión a estas recetas. Las más destacadas son las variantes de Perú y Hong Kong.

El Agua Florida se clasifica como una colonia, lo que significa que su aroma es principalmente cítrico, ligeramente especiado y pasajero en términos de su persistencia (la capacidad del aroma de permanecer en la piel o en el ambiente).

Aguas perfumadas compradas en comercios y cómo cargarlas de energía

Las aguas compradas en comercios que puedes encontrar en la mayoría de las tiendas que venden hierbas y amuletos para la práctica de la santería y tiendas de productos metafísicos y espirituales se elaboran a partir de fragancias sintéticas con poco poder espiritual. Como Brujas, trabajamos con lo que tenemos a nuestro alrededor, y hay muchas formas de cargarlas de energía. La siguiente receta es la de un «Agua Florida» (agua botánica/floral) para cortar lazos y vínculos de energía negativos, limpiar apegos, invocar y evocar al Espíritu para que esté presente en el yo y en tu espacio de formas claras, tranquilas y serenas, y para limpiar al yo ante el altar.

Los médiums, los que trabajan con el espiritismo o las tradiciones espiritualistas latinoamericanas y aquellos de nosotros que llevamos a cabo muchas lecturas en público podemos vernos sobrepasados por el material, en términos de energía, que puede acompañar a cada cliente. Como forma de romper esta energía, de limpiarla del cuerpo y el aura, y de renovarnos a nosotros mismos, ésta es una práctica adicional que puede incorporarse a nuestros repertorios. El mediodía y la medianoche pueden ser especialmente intensos en lo tocante a la energía, y las Brujas suelen disponer de versiones de esta agua en sus altares de los ancestros para limpiarse durante el día y durante esos períodos.

Puedes encontrar estos ingredientes empleando la lista de recursos que aparece al final del libro y poniéndote en contacto con tiendas de productos metafísicos y espirituales y con comercios que venden hierbas y amuletos para la práctica de la santería. Cada ingrediente tiene una historia y un uso adecuado que se describe a continuación, y en esta práctica se te pedirá que recites en voz alta las plegarias correspondientes para invitar al espíritu de cada ingrediente a tu práctica.

5 aguas compradas en tiendas, como Agua Florida, de Vetiver, de Rosas, de Lavanda o de Tabaco; Loción Pompeya o Kolonia 1800

albahaca

siguaraya

vencedor

rompe saragüey

hierbabuena/menta

cascarilla

tabaco del altar de los ancestros

frasco de conserva

Medicinas procedentes de plantas

Albahaca *(Ocimum basilicum):* La albahaca es originaria de regiones tropicales que se extienden desde África central hasta el Sudeste Asiático. Su proliferación como hierba culinaria, medicina interna y planta mágico-religiosa se ha difundido a nivel mundial. La albahaca aparece varias veces en este libro debido a su importancia y relevancia en estas tradiciones. Actúa a modo de antiinflamatorio medicinal y espiritual (elimina el calor y la irritación) y está especialmente implicada en trastornos como las úlceras pépticas, el síndrome del colon irritable, los niveles altos de colesterol y la artritis; y contribuye a la regulación de los niveles de azúcar y ayuda a fomentar una función hepática adecuada y a detoxificar el organismo, «Albahaca, Espíritu que atrae todas las energías y Seres positivos, Iluminados y elevados, te invocamos hoy para que te unas a nosotros en esta tarea. Albahaca, que promueves la tranquilidad y eliminas la irritación, oriéntame hacia el cultivo de esta medicina. Muéstrame formas de estar empoderado, de estar sosegado interiormente y en mis respuestas en el mundo, y ayúdame a reducir la intensidad y a apaciguar las situaciones desencadenantes. Albahaca, te invocamos para que te unas a nuestros trabajos».

Siguaraya *(Trichilia havanensis):* La siguaraya, que es oriunda de Venezuela, México y el Caribe, tiene un gran poder medicinal y mágico-espiritual. Está implicada, medicinalmente, en ayudar a los riñones durante la expulsión de cálculos renales, ensancha los flujos restrictivos, fomenta unas articulaciones sanas y reduce el dolor reumático. Asimismo, contribuye a la reparación de la piel y en la curación de las cicatrices, además de tratar las infecciones de transmisión sexual. Desde el punto de vista espiritual, la siguaraya expulsa la negatividad que ha sido ingerida o que intenta unirse sin nuestro consentimiento, a nosotros o a nuestros espacios; aparta los pensamientos negativos internalizados, las maldiciones, los hechizos y otras fuerzas que invocan al mal. Si se planta cerca de los límites de nuestras propiedades, hogares, negocios y otros espacios importantes, los guarda y protege generando unas fronteras de energía fuertes. «Espíritu de la Siguaraya, trabaja conmigo para crear límites protectores donde pueda dar mi consentimiento a las energías a las que se deja entrar. Alumbra con un foco a cualquier intruso y expúlsalo tanto internamente como de todos mis espacios. Ayúdame a seccionar los lazos y a eliminar a todas las fuerzas de desposesión. Fortalece y fortifica mi altar y crea un fuerte de protección».

Vencedor (*Zanthoxylum pistacifolium*): El vencedor, que es originario del Caribe y de las regiones del Golfo de México, en Centroamérica, cuando se prepara correctamente, trabaja con el sistema nervioso, es antifúngico y alivia los dolores menstruales. Desde el punto de vista metafísico, es un extracto natural controlador y dominante que reclama territorio y espacio. Colabora con los ritos de limpieza y purificación ayudando a la persona a reivindicar su espacio y su poder y apartando al resto de las energías. Se sabe que atrae influencias y fuerzas positivas y que puede ayudar a superar situaciones difíciles. También se sabe que en combinación con otras plantas medicinales es una potente hierba del amor que puede ayudarnos a reclamar el afecto que merecemos. «Vencedor, camina a nuestro lado en nuestro trabajo y presencia nuestras ceremonias. Espíritu de dominación, control y de reivindicación de nuestro poder, alíate con nosotros mientras nos mantenemos firmes y asumimos el control de cualquier situación. Te pedimos que nos ayudes a expulsar a todas las entidades, fuerzas y enemigos negativos y a atraer el amor, la compasión, la comprensión y a los Espíritus benévolos».

Rompe saragüey *(Eupatorium odoratum):* El rompe saragüey, que es originario de Sudamérica, el sur de México, Texas, Florida y el Caribe, es un larvicida que mata a todas las especies de mosquitos antes de que alcancen la edad adulta. También se le conoce por curar heridas, y varias partes de la planta tratan trastornos que van desde quemaduras hasta infecciones, además de tener propiedades anticancerígenas, antidiabéticas, antiinflamatorias y antioxidantes. El rompe saragüey quita y elimina capas de traumas negativos y pasados acumuladas que llevamos en nuestros recuerdos físicos, mentales y emocionales y en nuestras auras. Disipa la negatividad y exorciza a los invitados y alimañas energéticos no deseados. «Rompe Saragüey, elimina dolores, traumas y tormentos pasados de nosotros y de nuestro entorno, y ayúdanos a empezar de cero. Espíritu que hace que se desvanezcan las cosas que nos persiguen, ayúdanos apartar las adicciones, las conductas y los diálogos interiores opresivos; a la gente, las entidades y las fuerzas negativas que no nos respaldan y que nos desean el mal. Rompe Saragüey, protégenos a nosotros y a aquellos a quienes amamos y ayúdanos a expulsar a todos los seres con bajas vibraciones».

Hierbabuena *(Clinopodium douglasii):* La hierbabuena es un miembro de la familia de la menta, y esta variedad concreta es oriunda del oeste de Estados Unidos, Canadá y México, y se sabe que llega hasta las zonas costeras de Alaska. Medicinalmente, mejora los dolores del estómago y la digestión, la menta posee propiedades que refuerzan la memoria y mejora los síntomas del colon irritable. Espiritualmente, la hierbabuena es conocida por abrir caminos, romper bloqueos y atraer la buena suerte. Muchas de estas asociaciones están arraigadas en cómo crece en la naturaleza además de en cómo lidia con los insectos y las plagas. Si se planta ornamentalmente como cubierta del terreno, se extiende y cubre su territorio, ahogando, literalmente, a otras plantas de la zona y reclamando el espacio para sí misma. En la medicina tradicional china, se la conoce por tener propiedades refrescantes y puede expulsar el calor espiritual absorbido por el cuerpo. «Hierbabuena, te invocamos para que nos ayudes en nuestro trabajo, Espíritu de la Frescura, para que nos ayudes a reconocer el calor, el caos y la confusión en nosotros, en nuestras relaciones y en nuestro entorno. Elimínalos en todas sus formas y apóyanos para apartarnos de los modos y comportamientos reaccionarios. Hierbabuena, hierba que supera los obstáculos y abre los caminos, ayúdanos a identificarlos y eliminarlos antes de que existan en el mundo material. Espíritu de la buena fortuna que se extiende, respalda a nuestro sistema nervioso, calma nuestro corazón y difunde suerte y gracia a lo largo de nuestra vida».

Tabaco del altar de los ancestros: Hablaremos largo y tendido del tabaco más adelante en este capítulo, y su inclusión en esta fórmula es una forma de permitir que tu grupo de antepasados, tu espíritu, tus guías y tus guardianes («aquellos que caminan a nuestro lado») estén presentes en este trabajo y te respalden en todo momento. El tabaco también se hace arder en forma de carboncillos de incienso frente al altar en ciertos momentos para elevar nuestras plegarias y proporcionar un sahumado purificador. «Espíritu del Tabaco, invocamos a todos esos Seres, Espíritus, Guías y Ayudantes que están a nuestro lado y apoyan nuestra evolución, elevación y progreso mental, espiritual, física y emocionalmente. Le pedimos que estén presentes en este trabajo y que nos ayuden en todo momento. Espíritu del Tabaco, te invocamos para que estés presente».

Cascarilla: Se elabora moliendo cáscaras de huevos blancos que se vacían y limpian. La cascarilla imita, desde el punto de vista de la energía, a un compuesto de la arcilla de bentonita que se encuentra en el sudoeste de Nigeria y en la República Democrática del Congo. La cascarilla, que representa la pureza de nuestro Espíritu y a nuestras conexiones con la Fuente y el Creador, se ocupa de arrastrar a las divinidades hacia abajo y de crear límites y verjas de energía que las entidades negativas no pueden traspasar. La cascarilla tiene una larga historia en los ritos y las iniciaciones de las tradiciones religiosas de la diáspora africana en América. «Espíritu de la cascarilla, Espíritu de la Pureza, las Bendiciones y la Gracia, ayúdanos a marcar nuestros límites tanto internamente como en el seno de nuestras relaciones y hogares, y apoya nuestras conexiones con la Fuente y el Creador».

Procedimiento

Después de haber bendecido y consagrado todos los ingredientes y de haber creado el espacio sagrado, empezarás, en primer lugar, con las medicinas vegetales y animales. Al ir invocando a cada planta y pidiéndole que esté a tu lado en el trabajo, espirarás enérgicamente tres veces sobre el material y visualizarás a tu fuerza vital entrando en los extractos naturales y trayéndolos a la vida. Una vez que hayas completado estos pasos, añade la combinación de por lo menos cinco aguas espirituales que podrás encontrar en cualquier tienda que venda hierbas y amuletos para la práctica de la santería o cualquier comercio de productos metafísicos y espirituales. Recuerda que no consiste en porciones iguales de cosas y en la formulación, sino en la calidad y el propósito de la creación. La siguiente sección contiene una lista de algunas aguas espirituales comunes y sus finalidades. El último paso consiste en pronunciar tu intención sobre cómo quieres que toda la mezcla cobre vida y cuál es su meta u objetivo, y espirar tres veces hacia el interior del frasco. A veces, los practicantes dan el paso adicional de soplar o dirigir el humo de un puro o de tabaco hacia el interior del frasco mientras lo sellan y cierran. Esta agua espiritual se deja sobre el altar para que se cargue. Repele a los espíritus negativos por el mero hecho de estar en el altar y puede usarse para limpiarnos a nosotros mismos y a los demás.

Aguas

Agua Florida: En general, es un agua que bendice, tranquiliza y limpia.

Agua de Sándalo: Eleva y alza espiritualmente y atrae a seres iluminados.

Kolonia 1800: Limpia, despeja y elimina energías negativas.

Kolonia 1800 Vetiver: Rompe y aparta a las entidades negativas y atrae la buena suerte.

Agua de Rosas: Bendice, eleva y atrae a divinidades y profesores superiores.

Agua de Violetas: Compasión, belleza, gracia, elegancia, dulzura, inocencia.

Loción Pompeya: Fortuna, belleza, seducción, poder, encanto, carisma, dinero, prosperidad.

Kolonia 1800 Tabaco: Eleva nuestras oraciones hacia el Creador, honra a la medicina, limpia, vigila y protege.

Agua Florida, receta(s) norteamericana(s) de 1808-1830

Tal y como se ha mencionado, incluso en la década de 1830, que es cuando se creó, el Agua Florida tenía diversas versiones y derivaciones. A lo largo del último par de décadas, he estudiado recetas y he mezclado una combinación de la mayoría de los ingredientes populares. Estas fórmulas tienen unas notas de cabeza o salida y de corazón pesadas (lo explicaré en mayor detalle en el capítulo 5), con entre poco y nada de profundidad de notas de base o fondo. Ninguna de las fragancias de Agua Florida que se producen de las que disponemos en la actualidad tiene un olor parecido, en modo alguno, a estas versiones originales.

12 cidras, ralladas

6 bergamotas, ralladas

4 tazas de flores de naranjo

3 tazas de flores de lima

2 tazas de flores de limonero

3 tazas de petitgrain (combinación de corteza, raíces y capullos de naranjo amargo)

1/4 de taza de clavos de especia

1/8 de taza de corteza de canela

5 tazas de pétalos de rosa frescos

5 tazas de flores de jazmín frescas

3 cucharadas soperas de flores de lavanda

3,8 litros de alcohol del 90%

1 tarro de conserva de 3,8 litros de capacidad

rallador

un cuenco grande de vidrio

Una vez que hayas elaborado la tintura base, ésta reposará durante seis semanas, y luego explorarás perfumando esa mezcla con aceites esenciales, tal y como se enumera en la siguiente parte de la receta. Puede que quieras emplear ese tiempo para reunir los materiales que necesitarás para el siguiente paso si todavía no dispones de ellos.

Base: Crear una tintura de perfumista

La creación de una tintura es, en el desarrollo de aromas y fragancias, el proceso mediante el cual los aceites naturales de una planta y sus constituyentes medicinales se extraen usando alcohol. Yo uso alcohol ecológico de cereales del 90 %, pero si no hay más remedio puedes usar alcohol de bebida de la marca Everclear o alcohol del 50 % para friegas. No aconsejo usar vodka, ginebra, ron ni ningún otro licor que tenga un contenido en alcohol inferior al 50 %, ya que no disponen de la potencia necesaria para extraer la mayoría de los materiales de las plantas ni de absorber el aroma.

1. Sigue los pasos iniciales expuestos en el capítulo 1.
2. Al acabar de honrar e infundir a todas las herramientas tu intención, seguirás este mismo proceso con las hierbas, los aceites y el alcohol usando sólo el sahumado. A veces rocío ligeramente el material herbal fresco con agua, pero prefiero evitar el alcohol, ya que hará que la planta se marchite (el alcohol extrae, literalmente, el agua de las células, y ésa es, en parte, la razón por la que tenemos resaca cuando bebemos alcohol).
3. Ahora, para poner las cosas en marcha, toma el cuenco, el rallador y las cidras. Al rallar la piel de cualquier fruta para obtener una medicina, recuerda parar antes de llegar al albedo (la capa blanca que se encuentra debajo de la piel). El albedo es muy amargo y ácido, y puede arruinar una tintura genial. Algunas personas usan peladores de verduras en lugar de ralladores, pero eso hace que al alcohol le lleve más tiempo extraer las esencias. Si tu rallador dispone de varias opciones de tamaño de rallado, empieza por la pequeña.
4. Después de haber acabado de rallar, reúne tu energía e imagina que fluye hacia la piel de la fruta. Cuando estés preparado, háblale a la cidra sobre las formas en las que puede ayudarte en el trabajo. Yo sigo, improvisadamente, a mi corazón, pero, a modo de ejemplo, podrías decir algo como: «Cidra, Espíritu que suaviza nuestros caminos, atrae nuestras bendiciones, esencia de la gracia y la belleza, abre mis sendas y mis sentidos a las posibilidades que hay a mi alrededor. Espíritu que corta la negatividad, ayúdame a reconocerla antes de que se ponga de manifiesto en mi vida y aparta cualquier cosa que no sea inspiradora». A continuación, respira suavemente hacia la piel tres veces, aportándole el aliento de la vida y su carga a la fórmula, e introdúcela en el frasco.

5. El siguiente ingrediente es la **bergamota**. La bergamota, que es uno de los componentes del té Earl Grey, es originaria del sur de Italia. Tiene un sabor y un olor menos agrio que los limones y las limas, pero es más amarga que el pomelo. Espiritualmente, la bergamota es una planta protectora que ayuda a permanecer con vitalidad a pesar de las condiciones acaloradas y áridas. Equilibra y ayuda a priorizar lo que es realmente importante en nuestra vida, promueve la alegría y desarrolla estima y confianza. Como pertenece a la familia de los cítricos, se trata de otro ingrediente que abre caminos.

   Al igual que has hecho con las cidras, ralla la bergamota y no olvides evitar el albedo.

   Cuando estés listo, alinea a la bergamota con su propósito. Tu flujo será, a partir de ahora, el que se describe a continuación, y alinearás cada ingrediente con una intención concreta. En primer lugar, es el momento de desarrollar la energía; luego pronuncia tu intención; a continuación, respira suavemente sobre él tres veces, dándole vida; y por último introdúcelo en el tarro. En el caso de la bergamota, querrás extraer las propiedades alegres y desarrolladoras de la estima de esta fruta. Un ejemplo para sacarle la sustancia podría ser: «Bergamota, fruta de la alegría, ayúdame a ser feliz todos los segundos de mi vida. Ayúdame a reconocer los lugares donde he aceptado el sufrimiento, y ayúdame a liberarme en el gozo. Bergamota, Espíritu Protector, resguárdame del calor y enséñame cómo permanecer sustancioso en el más árido de los entornos. Te invoco, Bergamota, para que me apoyes mientras afirmo mi valía, importancia y valor en mi vida».

6. A continuación pasa a las **flores de naranjo**: si quieres ser puntilloso, concretamente de naranjo amargo (si vives cerca de campos de cultivo de cítricos o de viveros comerciales, telefonéales, ya que puedes conseguir tratos excelentes con las flores y los frutos dañados). El aceite de neroli se destila a partir de flores de naranjo, mientras que el aceite de naranja se extrae de la piel de los frutos. Las naranjas, que son originarias del sur de China, el nordeste de India y de Birmania, han viajado por todo el mundo y son una de las frutas más reconocibles del planeta. Las flores de naranjo y el aceite de neroli elevan y estabilizan el estado de ánimo y pueden ser

de ayuda en los casos de depresión, fatiga y aislamiento, y contribuyen al buen funcionamiento del sistema nervioso después de que se haya visto excitado.

Las flores de naranjo se marchitan con una extremada rapidez y deben usarse en el transcurso de una hora desde su recolección. Separa los pétalos de los tallos y del resto de las partes y elimina cualquier pétalo enfermo o marchitado. Cuando estés listo, y al igual que hiciste con la cidra y la bergamota, alinearás las flores de naranja con su propósito. Al igual que ya se ha explicado, desarrolla la energía; luego pronuncia tu intención; a continuación, respira sobre las flores de naranjo tres veces; dándoles vida, y por último introdúcelas en el frasco. Un ejemplo de tu intención podría ser: «Flores de naranjo, energías que animáis al más estricto de los corazones y a la desesperanza, atravesad las nieblas y elevad mis cargas. Espíritus de las Flores de Naranjo, ayudadme a calmar las ansiedades, aliviar el estrés y tranquilizar mi sistema nervioso».

7. **Lima** (*Citrus latifolia*): tiene su origen en Birmania y Malasia, y sus flores están relacionadas con la eliminación de obstáculos, bloqueos y los detritos espirituales que se acumulan debido a la absorción de los estados de ánimo y los pensamientos de otras personas. La naturaleza ácida de la lima ayuda a proporcionar coraje y fortaleza a los que se sienten apáticos, desapasionados, asfixiados por la pena y sin esperanza de que las cosas puedan cambiar.

   Siguiendo la misma metodología que con las flores de naranjo, separa los pétalos, elimina cualquier material marchito o enfermo y energízalos. «Flores de lima, acudo a vosotras hoy para seccionar todos los bloqueos, reventar todas las presas de energía y deshacerme de cualquier cosa que haya absorbido que no vaya en mi mayor interés». Respira tres veces sobre las flores e introdúcelas en el tarro.

8. **Limón** (*Citrus limon*): es una fruta originaria del sur de Asia y es uno de los cítricos más astringentes. Sus flores tienen un aroma floral narcótico con un trasfondo de limón, y este olor puede impregnar una habitación con tan sólo dejar unas pocas flores en un cuenco con agua. Las flores de limón son purificadores naturales: eliminan todo lo que no es nuestro y nos respaldan a lo largo de los procesos transformadores mientras cambiamos de una condición de ser a la

siguiente. El limón ayuda a sanar las dificultades relacionadas con el apego que están desequilibradas, reconduce las conductas orientadas a la acción pasando de los procesos a las estrategias para la resolución de problemas, y representa la longevidad y la claridad. «Espíritu de los Nuevos Principios, ayúdame a eliminar todo lo que ya no va en mi mayor bien. Me purifico de todos los vínculos que pueden descentrarme. Espíritu del Limón, apoya mis procesos de sanación mientras me transformo y elevo». Respira tres veces sobre las flores e introdúcelas en el frasco.

9. **Petitgrain** (*Citrus aurantium ssp. amara*): deriva de todas las partes constituyentes del naranjo amargo (aunque yo he usado cualquier árbol cítrico del que he podido disponer): las hojas, la corteza y las flores. Cada elemento tiene su función (la corteza es la piel protectora de la planta, las hojas son la ubicación de la energía generada mediante la fotosíntesis, y las flores son los lugares de reproducción), y juntos contienen la totalidad del ser del árbol. Mientras trabajas con el petitgrain, date cuenta de que cada parte tiene un elemento distinto de la fragancia cítrica: la madera hace salir los tonos cítricos más profundos, pero es débil. Las hojas tienen un olor más verde (como el de hierba recién cortada combinada con cítricos). Las flores tienen las notas de cabeza más dulces y florales. El petitgrain se usa para aliviar el estrés y la ansiedad. Fomenta la relajación e ilumina lugares de claustrofobia mental mientras nos proporciona herramientas para superar esas restricciones. «Espíritu del petitgrain, arroja luz sobre los lugares en los que me estoy subestimando, ilumina mi valía y ayúdame a superar estas carencias. Petitgrain, ayúdame a percibir mi estrés y ansiedad, oriéntame hacia la paz y ayúdame a ver dónde se necesita realmente el trabajo». Respira tres veces sobre el petitgrain e introdúcelo en el frasco.

10. **Clavos de especia:** son los capullos secos del árbol *Syzygium aromaticum*, que procede originalmente de las islas Molucas (Indonesia). Fomentan la autoestima, el amor platónico y el romántico, y nos mueven a la acción y añaden vitalidad. Otras características de esta planta son la suerte y la paz, propiedades que se dice que defienden para nosotros ofreciéndonos conocimientos sobre cómo y dónde enfocar nuestra atención y energía, además de estar prepa-

rados para la que la oportunidad llegue en cualquier momento. Una de las últimas características del clavo de especia es su naturaleza protectora. Desde el punto de vista medicinal, el clavo de especia puede provocar irritación y quemar la piel si se usa sin diluir, y desde el plano espiritual, sus energías pueden aprovecharse del mismo modo (haciendo que se desvanezcan las calumnias, los chismorreos y las afirmaciones negativas formuladas por otros). «Espíritu del Clavo de Especia, ayúdame a prepararme para las oportunidades que busco y oriéntame hacia las bendiciones que ya están llegando. Clavo de Especia, te pido que fortalezcas mi resolución y que me ayudes a tener el coraje para buscar conexión y amor en sus muchas facetas y formas. Ayúdame a ser vulnerable con aquellos que pueden mostrar amabilidad y vulnerabilidad a cambio y muéstrame a aquellos que no tienen mis intereses en su corazón». Respira tres veces sobre los clavos de especia e introdúcelos en el frasco.

11. **Canela** (*Cinnamomum verum* y *Cinnamomum zeylanicum Blume*): es originaria de la región Malabar de la India y de Sri Lanka. La canela, que representa la suerte, la fortuna, la prosperidad, la velocidad, el impulso y la atracción, tiene una naturaleza de actuación rápida. Es similar al clavo de especia en cuanto a sus propiedades irritantes: si su aceite no diluido entra en contacto con cualquier membrana mucosa, la quemazón será muy importante (créeme, lo sé). Tanto el clavo de especia como la canela pueden abrumar y dominar una fragancia, así que siempre deberían usarse muy comedidamente. «Canela, Espíritu del Impulso, la pasión, la atracción y la fortuna, alinéame con la suerte y ayúdame ser reflexivo, íntegro y rápido para avanzar hacia mi fortuna». Respira tres veces sobre la canela e introdúcela en el frasco.

12. **Rosas:** se encuentran en la mayoría de las regiones del mundo y son una de las flores con una mayor vibración del planeta. La rosa es la reina de la perfumería y puede destacar aspectos de otras flores. Espiritualmente hablando, la rosa ablanda el corazón y nos permite expresarnos con autenticidad y también expresar nuestros deseos sin prejuicios. La rosa es, además, un símbolo del amor y de la afirmación mutua y puede ayudar a expresar los sentimien-

tos del corazón. «Espíritu de la Rosa, esencia del afecto, la gracia y la belleza, camina a mi lado en mi senda hacia el florecimiento. Ayúdame a abrir mi corazón a la afirmación y la comprensión, y enséñame los caminos de la compasión tanto para mí como para aquellos que me rodean. Te pido, Rosa, que des un paso adelante y seas una aliada en este trabajo». Respira tres veces sobre los pétalos de rosa e introdúcelos en el frasco.

13. **Jazmín** (género *Jasminum*): es originario de Eurasia, Australasia y Oceanía, y ha sido introducido en la mayoría de las regiones subtropicales del mundo. En la Brujería simboliza el amor a un nivel espiritual, y nos permite reconocer a seres con una energía similar. También se le invoca para ayudar en los trabajos astrales (percepción más allá de la visión) y oníricos. En la perfumería espiritual, se la considera otra flor fundamental, como la rosa, que aporta calidez y destaca las cualidades de otros aromas. «Jazmín, Espíritu de la percepción más allá de nuestros sentidos, ayúdame a ser consciente de todas las formas posibles. Abre mi mente con protección amable de modo que pueda percibir y comunicarme con esos Seres superiores que hay a mi alrededor. Ayúdame a soñar con aquellos que son Antepasados Trascendentes y respáldame para ser consciente de los Seres que son negativos. Jazmín, entra en mi vida y oriéntame hacia aquellos que tienen verdadero amor y afecto». Respira tres veces sobre el jazmín e introdúcelo en el frasco.

14. **Lavanda** (género *Lavandula*, con numerosas especies): es originaria de las regiones mediterráneas occidentales de Europa, y tiene tanto propiedades medicinales como espirituales. Medicinalmente hablando, la lavanda ayuda a calmar los nervios, alivia las quemaduras químicas leves y facilita la relajación y el sueño. Desde el punto de vista espiritual, promueve la paz y la resolución de conflictos, ayuda a aliviar los factores estresantes y las irritaciones (elimina el deterioro) y aplaca la ira. En perfumería puede ser otro aroma abrumador que lleva las cosas en dirección hacia el mentol. En aras de nuestros objetivos, sólo usaremos los pétalos en esta receta. «Lavanda, Espíritu que calma y alivia, ayúdame a enfrentarme al estrés de una nueva forma. Ayúdame a calmar tensiones y conflictos, elimina todos los irritantes y las presencias inflamato-

rias, y atrae la felicidad, la alegría y el amor a mi vida. Lavanda, te invoco en este día para que traigas paz y sosiego y me ayudes a dormir de verdad y fácilmente». Respira tres veces sobre la lavanda e introdúcela en el frasco.

15. Ahora te encuentras en la fase de añadir el alcohol. Yo, mientras lo vierto, transmito una sencilla intención al alcohol, pidiéndole que actúe como medio para extraer todas las medicinas, intenciones y Espíritus de cada planta y que los armonice para que juntos actúen como si fueran uno. Después de que todo esté completamente integrado en la mezcla, transmito una intención final al conjunto antes de cerrar el frasco. «Invoco a todas las flores, las frutas y las plantas contenidas aquí y os pido que alcéis, allanéis, limpiéis y abráis todos los caminos que tengo delante. Elevad mi corazón y traed alegría a mi vida mientras camino con protección, conciencia y paz a lo largo de mis días». Respira tres veces sobre el alcohol e introdúcelo en el frasco. Ciérralo.

16. Una vez que el frasco se haya cerrado, las magias se han completado. Ahora puedes liberar las energías y asentar el espacio. Me gusta empezar dando las gracias a todos los Espíritus que han sido invocados con algo sencillo como: «Gracias por vuestra ayuda y por seguir caminando a mi lado. Asiento vuestras lecciones y medicinas en mi trabajo, corazón y cuerpo, y marcho en paz». En este momento, da una palmada o haz sonar una campana para abrir el espacio y liberar las energías que han sido invocadas. Ahora, puedes ponerte en movimiento y hacer limpieza.

Dejar reposar y colar

Permite que esta mezcla repose entre cuatro y seis semanas en un lugar fresco y oscuro y alejado de cualquier llama. Cada día, durante este período, toma el frasco y agita bien todo su contenido mientras pronuncias un propósito universal de lo que te gustaría que esta mezcla hiciera por ti. Con el tiempo, la mezcla adquirirá un color verde intenso, y verás cómo las pieles, los pétalos y las cortezas se empiezan a blanquear mientras se extraen todas las medicinas. Al cabo de unas seis semanas llegará el momento de colar el líquido para eliminar la materia vegetal. Después de colar la mezcla puedes dar las gracias a los componentes vegetales por su ayuda y elaborar compost con ellos.

Nótese que el Agua Florida natural tiene una vida útil de entre unos nueve y diez meses antes de que las notas cítricas empiecen a desvanecerse y la chispa original de la tintura se apague. Añadir tu fragancia encima ayuda a aportar dimensión y a proporcionarle una mayor longevidad, tenacidad y potencia de difusión en el aire.

Has de saber, además, que no tienes que llevar a cabo la órbita microcósmica ni la libación cada vez que agites el frasco, pero estas prácticas ayudan en el proceso, especialmente como práctica de base. Debemos empezar por algún lugar.

Laboratorio de Brujería:
Experimentación oliendo los aromas

Ahora que dispones de una base de alcohol mágicamente aromatizada que ha sido encantada con las intenciones, pasarás al siguiente paso: oler. Esa parte del proceso es la guinda del pastel: es una forma de estudiar y personalizar el aroma, de hacerlo realmente tuyo basándote en la sabiduría de tus propios sentidos. Necesitarás los siguientes ingredientes y artículos:

aceite esencial de bergamota	vaso de precipitado calibrado (15-20 ml)
aceite esencial de neroli	
aceite esencial de jazmín	aceite esencial de rosa
aceite esencial de clavo de especia	aceite esencial de lima
	7 cuentagotas o pipetas
aceite esencial de canela	alcohol para friegas y una taza
3 o 4 botellas de vidrio pequeñas (15 ml)	papel para acuarela cortado en tiras de 5 cm de ancho
	diario

1. Junta los aceites esenciales, la tintura base, el vaso de precipitado calibrado, las botellas, las pipetas, el papel de acuarela, el alcohol para friegas y la taza.
2. Vierte una cantidad generosa de alcohol para friegas en la taza: lo usarás para limpiar las pipetas una vez que hayas acabado de usar-

las. Reserva también los trozos de papel de acuarela, ya que los usarás a modo de tiras de prueba para el proceso de experimentación.

3. Crearás distintas versiones del aroma, y ésa es la razón por la cual empezarás con volúmenes pequeños. Vierte 5 ml de la tintura base en el vaso de precipitado y estarás listo. La perfumería empieza con las notas de base o de fondo (los aceites más duraderos que permanecen en la piel), pasando luego a las notas de corazón o de cuerpo, que son la sustancia del aroma, y concluyendo con las notas de salida o de cabeza, que suelen ser las primeras que se captan en el perfil de la fragancia pero que son las menos duraderas.

4. De la lista anterior, la canela y el clavo de especia son las notas de base (a veces, los perfumistas los clasifican como notas de corazón y de cabeza dependiendo de cómo se usen y de las formas de extracción), pero recuerda que en grandes cantidades pueden abrumar e irritar la piel. Considera usar una gota de cada para empezar. Ahora sumerge un trozo del papel de prueba en la poción y deja que se seque. Considera echar una gota en tu piel y dejar que se seque. Huele tanto el papel de prueba como tu piel y anota tus impresiones. ¿Es cálido, especiado, amargo? ¿En qué punto estimula a tu paladar? ¿Cuánto tiempo dura en la piel y en la tira de prueba?

5. Las notas de corazón de la lista son rosa, jazmín y neroli. El neroli va a ser la estrella en esta combinación, así que empieza con cinco gotas de neroli, dos de rosa y una de jazmín. Igual que en el punto anterior, analízalo con un papel de prueba y en otra zona de la piel, y anota tus hallazgos.

6. Por último, entran en juego las notas de cabeza (lima y bergamota). Una cantidad excesiva de cítricos competirán entre sí y pueden hacer que todo se enturbie y que pierdan su carácter distintivo (piensa en todas las fragancias «cítricas» genéricas que hay en el mercado). La lima puede ser especialmente penetrante. Considera diluir la lima tomando una de las botellas extra, añadiendo una o dos gotas del aceite y llenando el resto con alcohol. Toma una o dos gotas de esta dilución y añádelas al perfume con el que estás experimentando. A continuación, toma una o dos gotas de bergamota y añádelas como ingrediente final. Como en los puntos anteriores, toma una gota y póntela en la piel y sobre tiras de prueba y anota los resultados.

7. Decanta esta mezcla en una de tus botellas y déjala a un lado durante dos semanas. Después de que haya reposado el tiempo deseado, anota tus impresiones: ¿qué necesita?, ¿qué te gustaría probar a continuación?, etc.
8. Crea tus propias recetas con la tintura base y disfruta. Para obtener información sobre cómo ampliar la receta, *véase* el capítulo 5.

Receta de Agua Florida de inspiración peruana

Esta versión del Agua Florida está inspirada en recetas peruanas tradicionales, y he llevado a cabo revisiones basadas en la disponibilidad de las hierbas fuera de Sudamérica. Una de sus muchas características distintivas es que tiene un olor más dulce que la original y, aunque posee algunas de las mismas propiedades limpiadoras y tranquilizadoras, el énfasis se ha desplazado hacia el afecto, el amor, la facilidad en las transiciones y la comunicación astral. Parte de la Brujería consiste en que las magias responden a los problemas de su gente además de a aquello de lo que se dispone en las biorregiones de los practicantes.

flores de rosa cisa o tagete (*Tagetes erecta*)

flores de labios de novia (*Psychotria poeppigiana*)

chiric sanango (*Brunfelsia grandiflora*)*

piri-piri o chintul (*Cyperus articulatus L.*)

flores de naranjo

piel de naranja

rosas

vaina de vainilla

alcohol de caña de azúcar del 90%

* Generalmente se usan las hojas y otras partes de la planta, pero en esta receta se usan las flores.

Aceites para el Laboratorio de Aromas:

aceite de flores de naranjo

aceite de rosa

aceite de petitgrain

aceite de canela

Seguirás el mismo proceso descrito en anteriormente, y a continuación podrás descubrir los ingredientes que no hemos usado además de sus aromas y cualidades energéticas.

Aspectos destacados de los ingredientes

1. La rosa cisa o tagete (*Tagetes erecta*) es una especie de caléndula común originaria de Centroamérica. Esta planta ha tenido, en todas sus variantes, un lugar central en la elaboración de medicinas de la Brujería y en sus ceremonias desde antes de la conquista. La rosa cisa o tagete se ha extendido por América y el Caribe debido a su profundo compromiso con la ayuda a la gente. El tagete, que está conectado con la energía solar y la renovación, simboliza la iluminación del Creador reflejada dentro del alma, el alma-fuego/alma-sol, y la emanación de aliento de la vida que está presente incluso en la muerte. Medicinalmente, se ha usado para tratar varias dolencias internas, como la indigestión y el estreñimiento, además de trastornos externos como el eccema, las úlceras y las llagas. Espiritualmente hablando, promueve la seguridad y el apoyo durante los cambios y las transiciones, incluso durante los cambios más drásticos, como la muerte y el renacimiento. La rosa cisa le habla a las voces y las sabidurías de nuestros ancestros contenidas en cada célula y a la capacidad de acceder a estos poderes. «Rosa cisa, te invoco para que me ayudes a participar de la sabiduría ancestral trascendente. Espíritu de la trascendencia, la transformación y el renacimiento del alma, te pido que estés presente». Respira tres veces sobre el tagete e introdúcelo en el frasco.

2. Labios de novia (*Psychotria poeppigiana*): se distribuye por toda Sudamérica y Centroamérica, y sus flores parecen, literalmente, unos enormes labios rojos. Una infusión concentrada de labios de novia trata dolencias físicas como los cardenales, los esguinces, el reumatismo y los dolores de cabeza. Dependiendo de la parte de la planta que se coseche, puede tratarlo todo, desde una tos convulsa hasta el dolor de oídos. Espiritualmente hablando, está conectada con la afirmación interior profunda y la autoestima, además de hacer que quienes están a nuestro alrededor nos hablen cariñosamente. Esta planta besa al mundo y atrae besos hacia nosotros. «Labios

de novia, ayúdame a besar profundamente y a aceptar las partes de mí mismo que intento retener. Ayúdame a enamorarme de mí mismo y a reflejar esas cualidades en todas mis interacciones. Te pido que me beses, que beses esta agua y que beses a mis seres queridos con gracia, belleza, ternura y dulzura». Respira tres veces sobre los labios de novia e introdúcelos en el frasco.

3. Chiric sanango (*Brunfelsia grandiflora*): es una planta extremadamente alucinógena y tóxica, y no abordaré aquí cómo emplearla. La única forma en la que sugiero relacionarte con ella si no es con un Anciano peruano cualificado en prácticas de *mesa*, sería en forma de una esencia homeopática de la planta.

4. Piri-piri o chintul (*Cyperus articulatus L.*): es una planta relacionada con los pueblos del Amazonas. En Perú se usa medicinalmente para asuntos que tienen que ver con la contracepción, el parto y los trastornos digestivos. En Guyana, el piri-piri se usa para reducir la fiebre, inducir la sudoración y como tratamiento de la diarrea crónica. Desde el plano espiritual, el piri-piri está vinculado con los viajes astrales o con la capacidad de la conciencia de desplazarse más allá del cuerpo, y es una planta sanadora que conecta nuestra comunicación con nuestros ayudantes más elevados. «Piri-piri, planta y Espíritu ayudante que nos asiste para conectarnos con nuestros Guías, camina a mi lado y estate presente. Te invoco para que me ayudes a abrirme a la amplitud y la enormidad de mi Ser. Ayúdame a permitirme ser verdaderamente tan grande como soy. Camina a mi lado como planta protectora mientras viajo más allá de mi yo físico y guíame hacia experiencias pertinentes con fuerzas Iluminadas». Respira tres veces a introduce el piri-piri en el frasco.

5. La vainilla es una especia que procede de las vainas de las semillas de la *Vanilla pompona* y la *Vanilla planifolia*, que son especies nativas de las orquídeas de la vainilla que podemos encontrar por toda la selva amazónica de Perú, el norte de Sudamérica y el sur de Centroamérica. Desde el punto de vista medicinal, la vainilla se ocupa de los cuidados digestivos y es un edulcorante natural libre de azúcar. Espiritualmente hablando, la vainilla tiene una naturaleza sedante y se sabe que ayuda a relajar el sistema nervioso mientras conservamos la concentración y la atención. La vainilla es un energizante emocio-

nal natural y ayuda a generar empatía y comprensión. «Vainilla, ayúdame a participar de la comprensión de mí mismo y de cualquier mensaje comunicado para mi mayor bien. Espíritu de la dulzura y la empatía, ayúdame a sentir cualquier puesto en el que me haya insensibilizado y oriéntame hacia la empatía real y conectada para mí mismo y para aquellos a los que quiero». Respira tres veces sobre la vainilla e introdúcela en el frasco.

Distinciones entre los aromas

Tanto el alcohol de caña de azúcar como la vainilla añaden dulzor y profundidad extra y movilizan a la naranja en el aroma en mayor grado que en la receta anterior. Puedes pensar en usar esto como un perfume base y en investigar la perfumería peruana. ¿Qué tipos de acordes florales (armonías entre aromas) se están produciendo? ¿Cómo puedes seguir mostrándote auténtico con la región y crear una receta inspirada?

El Agua Florida de Lou (sirve para todo)

Mi Agua Florida te toma por sorpresa con su aroma dulce y seductor, pero limpiará, en lo tocante a la energía, cualquier cosa que tengas pegada o que te esté inquietando. Es una más de entre un espectro de fórmulas que uso para romper, cortar y rasgar entidades de la gente y limpiar espacios.

cítricos de todo tipo	pericón
pétalos de rosa	apazote
canela	caimito
clavo de especia	prodigiosa
cardamomo	laurel
albahaca	alcohol del 90%

Aceites para el Laboratorio de Aromas:

aceite esencial de pimienta rosa

aceite esencial de bergamota

aceite esencial de cidra

aceite esencial de mimosa

aceite esencial de jazmín

aceite esencial de sándalo

aceite esencial de cardamomo

aceite esencial de incienso del árbol *Boswellia sacra*

Aspectos destacados de los ingredientes

1. Aquí podemos usar cualquiera de los cítricos. Ralla la piel y evita el albedo. Esto aportará a la tintura un aroma cítrico principal general, y los aceites esenciales harán resaltar al cítrico estrella de esta receta: la cidra. Sigue trabajando con las intenciones listadas con la flor de naranjo, la bergamota y el resto de los cítricos de las dos anteriores recetas de Agua Florida, respira tres veces sobre ellos e introdúcelos en el frasco.

2. Cardamomo (*Elettaria cardamomum*): es originario de Indonesia y del subcontinente indio y pertenece a la misma familia que el jengibre y la pimienta etíope. Medicinalmente, el cardamomo ayuda con los desequilibrios hepáticos y de la vesícula biliar, los gases intestinales, el ardor de estómago y el colon irritable. Espiritualmente, crea sendas para alinearse con nuevas perspectivas y experiencias con pasión, amor y sexualidad interior y sus expresiones. Desde el punto de vista de la energía, el cardamomo calienta el organismo, y en cuanto a las vibraciones hace lo mismo. «Cardamomo, Espíritu de la calidez y la conexión, ayúdame a compartir mi cordialidad, generosidad y alegría con el mundo. Como nos encontramos en la relación adecuada, mis relaciones son cálidas y generosas. Espíritu de la pasión, la sexualidad encarnada y el placer, estate conmigo en este trabajo». Respira tres veces sobre el cardamomo e introdúcelo en el frasco.

3. Albahaca (*Ocimum basilicum*): aparece varias veces a lo largo del libro debido a su importancia y relevancia en estas tradiciones. Actúa como antiinflamatorio medicinal y espiritual (elimina el calor y la irritación), y se ocupa especialmente de trastornos como las úlceras pépticas, el síndrome del colon irritable, los niveles de colesterol ele-

vados y la artritis. También contribuye a la regulación de los niveles de azúcar en sangre, al funcionamiento adecuado del hígado y a detoxificar el organismo. «Albahaca, Espíritu que atrae todo lo positivo, y a energías y Seres Iluminados y elevados, te invocamos hoy para que te unas a nosotros en este trabajo. Albahaca, la que promueve la tranquilidad y elimina la irritación, oriéntame para el cultivo de esta medicina. Muéstrame formas de estar empoderado, de permanecer sereno internamente y en mis respuestas en el mundo, y ayúdame a reducir la intensidad y a apaciguar situaciones desencadenantes. Albahaca, te invocamos para que te unas a nuestro trabajo». Respira tres veces sobre la albahaca e introdúcela en el frasco.

4. Pericón (*Tagetes lucida*): en Brujería se la considera la planta abuela de todas las especies y variedades de caléndulas. Esta planta es originaria de Centroamérica y tiene importantes propiedades culturales, medicinales y espirituales, y sus hojas tienen notas aromáticas de menta, anís y estragón. El pericón, clasificado como una hierba que calienta que trata el exceso de frío y de humedad en el organismo desde una perspectiva azteca, respalda la facilidad del parto y trata los edemas, la tonsilitis y las gargantas irritadas. Espiritualmente, tiene unas profundas conexiones con Tlaloc, la emanación divina de la lluvia y del propio ciclo del agua. El pericón es un purificante natural y ayuda a elevar la conciencia mediante la eliminación de todas las cargas y el peso de todo lo que hemos absorbido. Como espíritu conectado con la veneración de los ancestros y los ciclos de renacimiento y reencarnación, el pericón despierta a los Espíritus y guías de los antepasados elevados y les guía por un río de luz y recuerdo hacia nuestra vida. «Pericón, Espíritu Abuela que invoca a los Antepasados con su medicina, camina hoy a nuestro lado. Permítenos notar, percibir y equilibrar el calor y el frío en nuestro interior. Pericón, únete a nosotros en esta medicina». Respira tres veces sobre el pericón e introdúcelo en el frasco.

5. Apazote (*Dysphania ambrosioides*): es originario de Sudamérica y Centroamérica y del sur de México. Su nombre está vinculado etimológicamente a los términos en lengua nahuatl *epatl* (mofeta) y *tzotl* (el proceso que hace que las cosas transpiren y se vuelvan sucias, manchadas y mugrientas). El apazote, que medicinalmente hablan-

do está implicado en el trabajo con el dolor de dientes, los calambres menstruales, los parásitos intestinales, la malaria y la hipertensión, es una hierba de la época precolombina que sigue creciendo con fuerza y trabaja con sus gentes. Desde el punto de vista de la magia, el apazote pone fin a las maldiciones y los maleficios (no sólo las ideas de «hechizos» lanzados contra nosotros, sino también todas las limitaciones y narrativas que cargamos sobre nosotros mismos y con las que los demás nos cargan). También es un antiparasitario, lo que significa que es una buena hierba cuando nos estamos ocupando del corte de vínculos y de los vampiros psíquicos. Lo he encontrado en la mayoría de las tiendas de comestibles, y principalmente en las especializadas en alimentos asiáticos, centroamericanos, sudamericanos y caribeños. «Apazote, únete a nosotros en este trabajo y permanece a nuestro lado como aliado. Ayúdanos a identificar las conexiones y los vínculos de energía que son dañinos y están enfermos, además de a seccionarlos. Descompón las narrativas y los apegos que son constrictivos y vinculantes, y libéranos para poder ser nuestro yo mayor y más auténtico. Apazote, Espíritu que destruye a todos los parásitos, elimina a cualquier influencia y ser nombrados o no nombrados, vistos o no vistos, que busquen hacer daño o chuparme la energía. Apazote, estate presente aquí en esta medicina».

Nota: El apazote no es recomendable para las mujeres gestantes o que estén amamantando.

6. Caimito (*Chrysophyllum cainito*): es el árbol de la manzana estrella, oriundo de las Indias Occidentales. Sus propiedades mucilaginosas tienen efectos curativos para los afectados por la neumonía y la laringitis, y se usa para respaldar la salud y la higiene oral, para la curación de heridas y como antioxidante y ayuda digestiva. Espiritualmente, el caimito se usa para barrer las energías, las situaciones y los desórdenes negativos. En muchos hogares puedes encontrar sus ramas unidas a modo de manojo en forma de escoba en la puerta delantera para asegurar que nada te siga al atravesar el umbral. «Caimito, Manzana Estrella, Espíritu que reúne y barre todas las fuerzas invalidantes, ayúdame a juntar todas las energías negativas y contraproducentes y bárrelas fuera de nuestras vidas. Física, mental, emocional y espiritualmente: allá donde residan esas energías,

elimínalas en este día de nosotros y de nuestros entornos. Espíritu del Caimito, únete a nosotros en nuestro trabajo».

7. Prodigiosa (*Kalanchoe daigremontiana*): es una planta suculenta originaria de Madagascar, también conocida como siempreviva, aranto o espinazo del Diablo (los apelativos siempreviva y prodigiosa hacen referencia a la naturaleza pujante y a la energía de esta planta). También se la conoce como «madre de miles», debido a su capacidad de dar lugar a múltiples plantas a partir de una sola hoja. Medicinalmente, la prodigiosa se usa para tratar quemaduras, infecciones, úlceras, vómitos, la apoplejía y la tos. Es una planta ayudante que encuentra utilidad interactuando con su entorno. Conocida espiritualmente por ser un elemento botánico o extracto natural que puede eliminar el entumecimiento y la pérdida de sensibilidad, es una planta sagrada que nos alinea con el florecimiento y la regeneración. «Prodigiosa, emisaria Sagrada que alimenta, revive y resucita, respalda mi regeneración interna y ayúdame a volver a avivar todos esos lugares en los que me he vuelto insensible y he perdido sensibilidad. Al igual que la sangre que circula por nuestro cuerpo, circula por mi organismo como una onda luminosa para aportar vida, vitalidad y bendiciones de dentro a fuera». Respira tres veces sobre la prodigiosa e introdúcela en el frasco.

8. Laurel (*Laurus nobilis*): es originario de Turquía, Siria, el norte de África y la región mediterránea, y ha sido una referencia cultural desde la antigüedad. Cultivado como especia culinaria, se suele recurrir al laurel como analgésico (trata el dolor), y puede tratar la gripe, la bronquitis y las migrañas. Sus asociaciones espirituales oscilan desde la autoridad, el prestigio, el honor y el reconocimiento hasta obrar milagros, la curación espontánea y la adivinación. El laurel es conocido por ser un narrador espiritual de la verdad, y puede sacar a la luz todo lo que está oculto. «Laurel, Obrador de Milagros, Narrador de la Verdad, apóyanos mientras buscamos la verdad en todas las situaciones, y ayúdanos a sentirnos empoderados y valientes mientras nos mantenemos firmes en nuestra Condición Divina de Guerreros. Espíritu de prestigio y bendiciones, sal a la luz y comparte tu medicina». Respira tres veces sobre el laurel e introdúcelo en el frasco.

Distinciones entre los aromas

1. **Notas de base o de fondo:** Incienso del árbol *Boswellia sacra*, cardamomo y sándalo.

El incienso del árbol *Boswellia sacra* es una de las únicas fragancias base que tiene notas cítricas como parte de su aroma, y esto aporta un toque más duradero y bien equilibrado de cítrico a la mezcla. Yo probaría con una proporción más dominante de gotas de sándalo con el cardamomo y el incienso del árbol *Boswellia sacra* a modo de matices.

El sándalo (*Santalum album*) es originario de India, Indonesia y Australia, siendo la variedad más notable la india. La estructura de las raíces del sándalo es similar a la del álamo temblón, ya que están todas interconectadas y forman parte de una raíz madre de mayor tamaño, y los árboles parecen independientes por encima del terreno. La impresionante naturaleza de esta matriz de raíces es fenomenal en cuanto a que todos los árboles del bosque notan, perciben y actúan como si fueran uno. El impacto de cambio climático y la demanda comercial de sándalo han diezmado bosques antiguos y prácticamente los han llevado al borde de la extinción. Para evitar contribuir a la extinción del árbol del sándalo de India oriental, busca aceite de sándalo que se haya obtenido de forma sostenible en Laos, Tailandia, Vietnam o Australia.

Medicinalmente, el sándalo es un antiséptico y astringente, refuerza los tratamientos contra el acné y combate los desequilibrios urinarios y las cefaleas. Desde el plano espiritual, el sándalo es uno de los árboles con una vibración más elevada del planeta. Habla con las transmisiones y comunicaciones divinas, la evolución, la claridad, la tranquilización, la calma y la introspección meditativa. El sándalo está clasificado como una conciencia mejoradora, y eleva, revitaliza y aporta alegría a todo en su entorno. «Espíritu del Sándalo, Ser que inspiras una Iluminación y realización auténticas de nuestro verdadero propósito y voluntad, trabaja con nosotros hoy para elevarnos y liberarnos a nosotros y a las generaciones venideras. Estate presente como defensor y aliado para respaldar nuestros avances».

El incienso del árbol *Boswellia sacra* procede, en realidad, de variedad de árboles de la familia Burseraceae, que son nativos de Yemen, Oman y el Cuerno de África. Las propiedades curativas del incienso del árbol *Boswellia sacra* se conocen desde los inicios de la historia. Medicinalmente es un antiséptico para la curación de heridas y es analgésico, expectorante y antiinflamatorio. En la práctica de la magia, el incienso del árbol *Boswellia sacra* es similar al sándalo en cuanto a su capacidad de elevar y mejorar las cosas. Se recurre a él para invocar y evocar a la conciencia con una vibración elevada, a las divinidades y al Espíritu en nuestro interior y en nuestros espacios. Debido a sus trasfondos cítricos/mentolados, puede cortar las energías negativas y despejar el estancamiento. «Incienso del árbol *Boswellia sacra*, Espíritu y mensajero de Divinidades, estate con nosotros en nuestro trabajo. Trabaja a través de nuestros cuerpos, mentes y Espíritu para recordarnos nuestras chispas divinas y corta todas las energías, situaciones y personas inferiores».

2. **Notas de corazón o de cuerpo:** Jazmín, mimosa y cidra.
La fragancia estrella de esta fórmula es la cidra, que tiene un perfil alimonado y como el de ciertos cereales de desayuno afrutados. La mimosa tiene, por sí sola, una potencia de difusión en el aire suave y floral poco definida que pasa a un olor pulverulento y destaca y hace menos bruscas a otras flores de esta mezcla. El jazmín es secundario a la cidra y añade una redondez dulzona a los tonos cítricos.

La mimosa (*Acacia dealbata*) está emparentada con las alubias y los cacahuetes (la familia Fabaceae) y es oriunda de Tasmania y el sudeste de Australia. Médicamente, es conocida porque cuida las heridas, alivia el dolor y también se administra en el tratamiento de las hemorragias internas, la disentería y las hemorroides. Espiritualmente, la mimosa representa deseos secretos que queremos satisfacer y los enamoramientos que queremos seguir. Nos ayuda a abrir nuestras sensibilidades además de a comprender los mensajes recibidos. Está conectada con la expansión y la potencialidad y a soñar más en grande para nosotros mismos de lo que posiblemente pudiéramos creer. «Mimosa, Espíritu de expansión y deseo, ayúdanos a admitir y articular la vida que de verdad queremos vivir. Respáldanos mientras estudiamos estas posibilidades y ayúdanos a escuchar nuestro propósito divino».

3. **Notas de cabeza o de salida:** Pimienta rosa y bergamota.
Las notas de cabeza son, principalmente, de pimienta rosa, con la bergamota añadiendo un poco de chispa y vigor sin necesidad de anun-

ciarse. La pimienta rosa es tanto especiada como floral, aportando al aroma un poco de potencia, pero se desvanece ante la cidra y el jazmín en las notas de corazón y acaba atenuándose ante el incienso del árbol *Boswellia sacra* y el sándalo para completar la potencia de su difusión en el aire.

La pimienta rosa (*Schinus molle*), que es originaria de Perú, es conocida medicinalmente como antiséptico y antidiurético y tiene propiedades desinfectantes. Espiritualmente, se sabe que refuerza el coraje y los comportamientos orientados hacia la acción; energiza y protege mientras promueve la honestidad en la comunicación y en el corazón. «Pimienta rosa, ayúdame a pasar a la acción y a priorizar las cosas que harán que mi vida avance. Ayúdame a deliberar con mis energías y a defender las cosas que son importantes y valiosas en mi vida. Pimienta rosa, estate con nosotros en este trabajo». Respira tres veces sobre la pimienta rosa e introdúcela en el frasco.

Agua Florida para limpiar el altar y despejar espacios

Mientras la receta para cualquier uso mencionada anteriormente es un poco más contundente en cuanto a sus propiedades de limpieza y exorcización, esta receta tampoco se queda corta. Despeja a nivel de la intención y la oración, limpia lugares en los que se han producido tragedias y pérdidas y reequilibra nuestros campos del aura.

cítricos frescos (cualquier fruto de la familia de las naranjas/ los limones)

laurel

clavos de especia

canela

hinojo

granos de amomo/pimienta etíope/malagueta/pimienta de cocodrilo

pericón

esencia de la planta brugmansia/floripondio

jazmín

rosa

ruda

albahaca morada

hierba de limón

alcanfor (sólo una pizca)

nicotiana/tabaco

salvia

alcohol del 90%

Aceites para el Laboratorio de Aromas:

aceite de bergamota	aceite de jazmín
aceite de pimienta rosa	aceite de sándalo
aceite de neroli	aceite de ládano
aceite de ylang-ylang	aceite de benjuí

Aspectos destacados de los ingredientes

1. **Hinojo** (*Foeniculum vulgare*): es una hierba culinaria con propiedades medicinales y espirituales originaria del sur de Europa, el Mediterráneo y Turquía. Como hierba culinaria y medicinal ayuda a la digestión (especialmente de comidas pesadas) y es carminativo (ayuda a expulsar gases y reduce la hinchazón) y un supresor natural del apetito; estimula los recuerdos y la memoria; y tiene propiedades antiespasmódicas, antiinflamatorias y antioxidantes. Espiritualmente hablando, el hinojo es un antiparasitario espiritual y uno de los ingredientes comúnmente relacionado con la eliminación del mal de ojo. Es una gran hierba revertidora que ayuda a «vomitar» cualquier cosa venenosa y devolverla a su origen, y también reduce el «acaloramiento» de los celos y la envidia. «Espíritu del Hinojo, ayúdanos en este trabajo. Hazme tomar conciencia de los lugares en los que estoy "sobreexcitado" y ayúdame a estar equilibrado. Espíritu protector que me respalda en la identificación de personas, situaciones y entornos que son de mi mayor interés, camina conmigo como escudo y guardián y ayúdame a permanecer firme en el coraje y la fortaleza necesarios para perseverar». Respira tres veces sobre el hinojo e introdúcelo en el frasco.

2. **Ruda** (*Ruta graveolens*): es una planta de olor fuerte (alguna de sus variedades pueden oler a gasoil) originaria de Eurasia y de las islas Canarias. La ruda tiene una gran influencia en la Brujería: el macho de esta especie está relacionado con la suerte económica, el aumento de la fortuna y la victoria en asuntos de empleo, mientras que la hembra con la protección y la reversión de la negatividad, y es antimaldiciones (neutraliza maleficios, la mala suerte y los trabajos de dominación, especialmente las cosas que salen por la boca o las miradas negativas). La ruda es una gran aliada para aquellos que se

están elevando desde una imagen y unos monólogos interiores negativos de sí mismos. «Ruda, Espíritu que lucha por sus gentes y las eleva, estate presente aquí y bríndanos apoyo. Ayúdanos a neutralizar todos los pensamientos negativos, deseos malvados y celos, ya sean internos o estén en nuestro entorno. Ayúdanos a erradicar y revertir todas las opresiones, pronunciadas o no, y atrae hacia nosotros todas las fortunas y la suerte en la creación». Respira tres veces sobre la ruda e introdúcela en el frasco.

3. La **albahaca morada** (*Ocimum basilicum*) y todos los tipos de albahaca son otra especie botánica extremadamente común en la Brujería. Es originaria de distintas regiones subtropicales, entre las que se incluyen África y el Sudeste Asiático, y es una importante hierba culinaria y espiritual conocida a nivel global. Como medicina, se sabe que la albahaca promueve la circulación sanguínea después del parto, es antiespasmódica y carminativa (ayuda a expulsar gases), facilita una función renal adecuada y tiene propiedades antihelmínticas (tratamiento de las lombrices intestinales). A un nivel espiritual, la albahaca aparta cualquier hechizo negativo y las energías y las conciencias maliciosas mientras atrae a influencias, seres y Espíritus afirmativos/positivos. La albahaca también está relacionada con el dinero y los mecanismos financieros. «Albahaca, te invocamos a nuestro trabajo para que apoyes nuestros esfuerzos encaminados a eliminar todas las capas de negatividad y las malas intenciones procedentes de todas las fuentes, tanto internas como externas, además de aquellas cosas que se han absorbido mediante el contacto. Espíritu de la positividad que atraes a las fuerzas más iluminadas y elevadas, ayúdame a alzarme en mi propia iluminación y confirma mi poder de formas más nuevas y relevantes».

4. La **hierba de limón** (*Cymbopogon schoenanthus*) y el género de hierbas *Cymbopogon* son oriundos de las regiones tropicales de África, Asia y Australia. Su nombre está relacionado con los limones debido a su olor. Se puede preparar una infusión de hierba de limón junto con otros extractos naturales para tratar la ansiedad, y sus cualidades medicinales incluyen el tratamiento de la eritropoyesis (generación de glóbulos rojos), el promover una buena presión sanguínea y reducir los calambres intestinales. También es co-

nocida por ser antiepiléptica y desinfectante, y es uno de los principales ingredientes de los repelentes de insectos. Espiritualmente, la hierba de limón está relacionada con superar los obstáculos, promover la vitalidad y la energía en las funciones, y repeler a la gente y las situaciones que te están «molestando», además de estar implicada en transformar la mala suerte en buena suerte. (Dato interesante: la hierba de limón imita a la feromona producida por la glándula de Nasonov de las abejas, que les indica que deben formar un enjambre o regresar a su colmena. ¡Toda una maestra del discernimiento!). «Espíritu de la Hierba de Limón, maestra de la vitalidad, la Fortaleza y el poder, respalda nuestros esfuerzos y alinéanos con nuestro poder en todos los momentos de la vida. Te invocamos para que nos ayudes a reconocer los obstáculos y superarlos con facilidad y elegancia. Hierba de Limón, repele todas las "molestias", ya sean espirituales, mentales, emocionales o físicas, y ayúdanos a identificar y repeler a aquellas personas que deben salir de nuestra vida». Respira tres veces sobre la hierba de limón e introdúcela en el frasco.

5. **Alcanfor** (¡sólo necesitas una pizca!): es una resina que se extrae del árbol *Cinnamomum camphora*, originario de Corea, China, Taiwán, Vietnam y Japón. El alcanfor es conocido por su capacidad de repeler a los insectos (es el principal olor de las bolitas de alcanfor que se difunde por el aire), y medicinalmente es eficaz como insecticida, antifúngico, antimicrobiano y antiviral, y tiene propiedades antitusivas y componentes que se sabe que inhiben el cáncer. Espiritualmente, el alcanfor respalda el trabajo de purificación potente y repele a las entidades y fantasmas con una baja vibración. Ayuda a crear unas fuertes barreras psíquicas y es otro Espíritu fuerte evocado a través de las ceremonias espirituales de sahumado. «Alcanfor, te invocamos aquí para trabajar con nosotros en la ceremonia, orientar nuestras visiones y ayudarnos a despejar los bloqueos y eliminar todas las cosas que nos persigan. Espíritu del Alcanfor, ayuda a nuestro crecimiento equilibrado y repara el sistema inmunitario de modo que esté completamente alerta y responda. Alcanfor, estate presente en nuestro trabajo». Respira tres veces sobre el alcanfor e introdúcelo en el frasco.

Nota: El alcanfor es extremadamente molesto para los pulmones. Si lo quemas sobre un carboncillo, hazlo en una zona bien ventilada, y si sahúmas un espacio interior, abandona ese lugar durante un par de horas antes de volver, y abre todas las ventanas al regresar.

6. **Pimienta etíope/amomo**[4] (*Aframomum melegueta*): también conocida como malagueta y pimienta de cocodrilo, es miembro de la familia del jengibre, junto con el cardamomo. La pimienta etíope es originaria de las regiones tropicales de África occidental, y es otra especie botánica culinaria, medicinal y mágico-espiritual. Medicinalmente, fomenta la digestión, trata la diarrea, protege la salud cardiovascular, estabiliza los niveles de azúcar en sangre y es antiinflamatoria. Espiritualmente hablando, la pimienta etíope proporciona energía a nuestra capacidad de expresar nuestros deseos para hacerlos realidad (especialmente cuando no hemos hablado con sinceridad o no hemos expresado nuestra verdad del todo). También se sabe que «caldea» situaciones románticas además de ayudar en asuntos de empleo. «Pimienta etíope, vigoriza nuestra lengua para que hable y haga realidad nuestros deseos más profundos. Ayuda a nuestros esfuerzos por poner de manifiesto estas visiones y muéstranos cómo usar la energía para consumar las tareas que tenemos por delante. Espíritu de la pimienta etíope, hazte presente y únete a nosotros en este trabajo». Respira tres veces sobre la pimienta etíope e introdúcela en el frasco.

7. **Brugmansia/floripondio**: también recibe el nombre de trompeta de ángel o trompetero o trompeta del juicio. *Brugmansia* es un género de árboles con flores en forma de trompeta que pertenece a la familia de las solanáceas. La brugmansia, que está emparentada con la datura o el estramonio y la dulcamara, es una de las plantas

---

4. Como Bruje, me fijo en las relaciones entre las plantas pertenecientes a la misma familia para ver cómo se expresan individualmente y en sus comunidades. Parte de lo que me gustaría ofrecer a mis lectores no es simplemente una lista de ingredientes y de sus propiedades, sino una línea de investigación más pedagógica en el seno de la Brujería. Piensa en cómo pueden estar relacionados el jengibre y la pimienta etíope biológicamente y en cuanto al Espíritu que emana de ellos. ¿Cómo abordan trastornos similares pero con su propia personalidad?

ornamentales más tóxicas que se cultivan en Sudamérica, Centroamérica, Norteamérica y el Caribe. Es originaria de la cordillera de los Andes, en Perú, Ecuador, Bolivia y Chile, y las distintas especies de brugmansia poseen propiedades relacionadas con el tratamiento del asma y los desequilibrios cardiovasculares, pero sus características más destacables son de naturaleza alucinógena y eufórica.

«Brugmansia, Espíritu que nos ayuda percibir lo inadvertido elevado, las fuerzas invisibles en nuestra vida, ayúdanos a despertar nuestros sentidos de forma segura y oriéntanos con protección mientras alzamos el vuelo astralmente. Espíritu de la Brugmansia, estate presente en nuestro trabajo». Respira tres veces sobre la Brugmansia e introdúcela en el tarro.

Nota: La brugmansia debería manipularse con guantes, con mucho cuidado y bajo la supervisión de un experto. El mero hecho de oler la flor puede resultar tóxico. En la receta está implicada como una esencia botánica espiritual.

Esencias botánicas espirituales

Instrucciones

- Encuentra la planta viva o el material vegetal fresco del que querrías crear una esencia, asegurándote de que esté sana y pujante.
- Pide permiso a la planta o a la especie botánica para trabajar con ella. Esto puede ser tan sencillo como hacer una comprobación desde el punto de vista de la energía y pedir a la planta que te transmita una sensación física o una señal de que te está dando su consentimiento para trabajar con ella.
- Haz una ofrenda (quema incienso, espolvorea tabaco, ofrece algo de agua o deja tres monedas) a su Espíritu y dale las gracias por ser un aliado, ayudante y defensor.
- Llena un cuenco con agua, colócalo bajo la luz directa del sol y sitúalo bajo o alrededor de la planta.
- Este tipo de medicina es vibratoria, y querrás estar tan emocionalmente equilibrado y presente en este proceso como sea posible, ya

que el agua absorberá tus energías junto con las de la especie botánica. Todo este proceso requiere de paciencia y lleva entre tres y cuatro horas desde el principio hasta el final.

En este primer paso puedes elegir entre dos opciones. Algunas Bruja(e)s sumergen suavemente la punta de una flor y dejan que gotee sobre el cuenco, mientras que otras absorben las energías dejando el cuenco muy cerca de la especie botánica. La idea más importante aquí es hacerle, desde el punto de vista de la energía, espacio a la planta e invocar a su Espíritu para que entre en la mezcla. Sugiero tomarse por lo menos noventa minutos para que la esencia espiritual de la planta haga infusión en el agua.

- Ahora que has creado esta medicina, el siguiente paso consiste en decantarla. Ayudándote de un embudo, llena la botella a medias con el agua y añade una o dos gotas de alcohol del 50 % (el alcohol de bebida de la marca Everclear es genial tanto para la elaboración de esencias como de tinturas). Esta mezcla recibe el nombre de «madre» y es una mezcla concentrada que puede diluirse y guardarse en botellas de menor tamaño.

- Después de haber cerrado y sellado la botella, da las gracias a la planta por su medicina y su esencia. Ahora puedes irte y regresar a tu hogar. Una vez en casa, embotéllala llenando viales de 20 mililitros de capacidad que contengan agua purificada o de manantial en sus tres cuartas partes, añadiendo después todo un gotero de alcohol y todo un gotero de la «madre».

Dosificación y conservación: Las esencias de plantas y de flores son de naturaleza energética y no tienen las mismas dosificaciones que las tinturas u otras sustancias medicinales. Pueden usarse más libremente, además de añadirse a recetas de infusiones, baños, perfumes e inciensos. Para usarlas internamente, coloca un gotero lleno de la esencia debajo de tu lengua o vierte su contenido en un vaso de agua. Los efectos de estas esencias se notan rápidamente y pueden durar entre tres y cuatro horas, pero su duración varía según la persona. Si las esencias se conservan en un lugar oscuro y lejos de fuentes de calor, pueden durar entre dos y tres años.

8. Tabaco, o nicotiana (género *Nicotiana*): es un miembro de la familia de las solanáceas, como la brugmansia, y tiene varias especies. El tabaco, que actualmente se cultiva como el principal componente de los cigarrillos y la picadura, ha sido usado como planta ceremonial desde que la humanidad empezó a poblar el continente americano. Sus usos medicinales incluyen los tratamientos para la gota, las dificultades respiratorias, los trastornos parasitarios y los episodios de depresión profunda. En regiones de la selva amazónica, el vínculo entre el tabaco y la práctica de la medicina es tan fuerte que el título del médico de la comunidad significa «tabaco».

Espiritualmente hablando, el tabaco es una gran especie botánica eficaz debido a sus dones de transmitir las plegarias, las intenciones y los pensamientos de la humanidad al Creador. Al trabajar con el tabaco, debemos ser conscientes de nuestros pensamientos, ya que serán comunicados directamente. Conocido por ser una medicina protectora y limpiadora, el tabaco ayuda a acceder a lo sagrado tanto internamente como en nuestro entorno, y promueve un buen carácter y unas relaciones adecuadas en todos los aspectos. «Espíritu del Tabaco, ayúdanos a despertar a la voz del Creador en nuestro interior y al reflejo de lo Sagrado independientemente de dónde nos encontremos. Espíritu del honor, la sabiduría y el conocimiento ancestral, lleva nuestras plegarias a la Fuente y ayúdanos a mantener un buen carácter y unas relaciones adecuadas independientemente de la situación. Tabaco, te pedimos que trabajes con nosotros en esta medicina». Respira tres veces sobre el tabaco e introdúcelo en el frasco. *Nota:* El tabaco es otra especie botánica con la que se debe trabajar responsablemente, sobre todo si se ingiere.

9. Salvia (género *Salvia*): tiene muchas variedades originarias de América aparte de la salvia blanca (*Salvia alpina*). Debido a la actual mercantilización de la salvia blanca, ahora se la considera una especie en peligro. Medicinalmente, todas las variedades de salvia ayudan con los problemas como la garganta irritada, la acidez de estómago y la pérdida de apetito, y sus derivados químicos han mostrado beneficios en el tratamiento de la pérdida de memoria, la enfermedad de Alzheimer, la demencia y la depresión. Como aliada espiritual, la salvia está relacionada con la limpieza y purificación

de nosotros mismos y de los espacios, conectando con la Fuente y la divinidad interior, creando unos límites sanos, comunicando con sinceridad y honestidad, y estando al tanto y siendo conscientes de nosotros mismos y de nuestras huellas, tanto con el medio ambiente como en relación con otras personas. «Espíritu de la Salvia, te invocamos aquí para que trabajes con nosotros en esta medicina. Espíritu de la conciencia consciente, ayúdanos a ser conscientes de nosotros mismos y de cómo estamos presentes internamente y en los espacios los unos con los otros. Ayúdanos a estar a la altura adecuada para cada situación y a ver nuestros impactos en el mundo. Espíritu de la claridad, la limpieza y la purificación, ayúdanos a encontrar nuestra propia claridad, a limpiarnos de todo lo que esté inhibiendo nuestro crecimiento, y apoya nuestra priorización de unos límites sanos y de la conexión con la Fuente interior. Ayúdanos a afirmar nuestra plenitud interior y a identificar pensamientos, narrativas y opresiones internalizadas que expresen cualquier cosa en sentido contrario».

Distinciones entre los aromas

1. **Notas de base o de fondo:** Benjuí, sándalo y ládano.

Las resinas y los aceites de benjuí proceden de diversos árboles del género *Styrax*, principalmente de *Styrax benzoin* y *Styrax paralleoneurus*, nativos de Java, Sumatra y Tailandia. Medicinalmente, el benjuí puede ser eficaz en pequeñas heridas de la inflamación y la infección, y ayuda en el tratamiento de las aftas y las úlceras de decúbito, las llagas cutáneas y los trastornos que hacen que la piel se agriete. Espiritualmente, el benjuí limpia mediante la dulcificación, elevando la vibración de la zona y atrayendo a seres positivos a un espacio. El benjuí, que es conocido por sus propiedades sanadoras y estimulantes de la vitalidad, tiene correspondencias solares y puede ayudar a la meditación (iluminación interior), a la elevación del estado de ánimo (resurgir de las profundidades) y calentar el corazón (procesar emociones acumuladas y sentimientos de entumecimiento emocional). «Espíritu del Benjuí, calentador del corazón y dulcificante de la forma de ser, te invocamos para que estés en esta medicina para ayudarnos a ser más cariñosos, acogedores y amables con nosotros mismos y con los demás. Te pedimos que despejes cualquier energía de baja vibración y negativa en nuestro interior, nuestras emociones y nuestros pensamientos, mientras los limpias y eliminas de este espacio. Espíritu de la regeneración solar y la vitalidad, despierta nuestra vitalidad interior y ayúdanos a encontrar amabilidad, sin importar lo que cueste». Respira tres veces sobre el benjuí e introdúcelo en el frasco.

El ládano (*Cistus ladanifer*), al igual que el benjuí, se encuentra tanto en forma de resina como de aceite y se extrae de unos arbustos oriundos de las regiones orientales y occidentales del Mediterráneo (sur de Europa, Egipto, Turquía y el sudoeste de Asia). Como ayudante medicinal, el ládano protege a los pulmones y ayuda en la bronquitis, los edemas (retención de agua e hinchazón) y el endurecimiento del bazo, y actúa como estimulante y laxante. Espiritualmente, el ládano actúa como una cicatriz de energía, sellando la abrasión y curando el trauma desde el interior. También está profundamente conectado con la sanación transgeneracional y puede identificar, arreglar y reparar daños ancestrales que se expresan en nuestro cuerpo. «Espíritu del ládano, con tu naturaleza amable, dulce y atenta, estate presente en nuestras medicinas. Ayúdanos a identificar las heridas emocionales y relativas a la energía, y asístenos para tratar y sellar de forma eficaz el trauma. Sanador que repara desde dentro hacia fuera, alíate en nuestro viaje de sanación. Ayúdanos a reparar de forma eficaz daños pasados y asegura que nuestras energías sean capaces de redoblar su vitalidad». Respira tres veces sobre el ládano e introdúcelo en el frasco.

En combinación, el benjuí, el sándalo y el ládano generan un acorde que imita al olor del *Succinum* (ámbar que se cosecha de coníferas entre las que se incluyen los pinos) y de otros ámbares semipetrificados implicados en la producción de incienso y en recetas para el sahumado. Proporcionan las notas de base de esta receta de Agua Florida, y ésta es la parte de mayor duración de la potencia de la difusión en el aire de esta fragancia, y puede enmascarar el mentol del alcanfor y otros olores amargos de la tintura base.

2. **Notas de corazón o cuerpo:** Neroli, ylang-ylang y jazmín.
El ylang-ylang (*Cananga odorata*) es la flor narcóticamente dulce del árbol cananga, que crece en Malasia, Filipinas, Indonesia y Tailandia.

El ylang-ylang es uno de los principales ingredientes de las recetas de aguas espirituales de Agua de Kananga. Como ayudante medicinal, funciona en los casos de gota, malaria, asma, reumatismo y con la digestión. En la medicina tradicional china, el ylang-ylang está clasificado como una especie botánica fresca y húmeda relacionada con la energía yin y asociada con las pasiones y los principios dadores de vida del fuego equilibrados con la tierra. Espiritualmente, es un afrodisíaco que promueve la vulnerabilidad y la atención sexual positiva ocupándose de traumas que pueden hacer que la gente huya de su yo sexual. El ylang-ylang une deseo, sensualidad, pasión y emocionalidad, asegurándose de que nuestra conciencia esté en sintonía con nuestro corazón. «Espíritu del Ylang-Ylang, te invocamos en nuestras medicinas para que inundes nuestra vida, nuestro corazón, nuestra mente y nuestro espíritu con la maravilla de la creación. Espíritu de Afrodisia, despierta nuestros sentidos al amor que tenemos por nosotros mismos y por todos los que nos importan. Asístenos con valentía mientras exploramos la sensualidad y el placer». Respira tres veces sobre el ylang-ylang e introdúcelo en el frasco.

Juega con este acuerdo en la nota de corazón y examina si te gusta. Como el Agua Florida es principalmente cítrica, el neroli es la estrella, actuando el jazmín y el ylang-ylang a modo de apoyo. Como están dispuestos por encima del ámbar, generan una fragancia floral, cítrica y que recuerda a la miel.

3. **Notas de salida o de cabeza:** Bergamota y pimienta rosa. Similares a las notas de cabeza del Agua Florida mostrada anteriormente. Estamos sacando a la luz la pimienta rosa, con la chispa de la bergamota por detrás. La especia floral da lugar, al evaporarse, al cítrico dulce y luego a la base de ámbar.

Usos del Agua Florida

A continuación, tenemos una serie de distintos usos del Agua Florida y algunas instrucciones e ideas sobre cómo emplearla como medicina espiritual.

- Despeja y eleva espacios
- Revive y estimula la energía física
- Suaviza y atrae fuerzas con una vibración alta
- Calma la ansiedad, las tensiones y los pensamientos caóticos
- Ayuda a reprogramar las respuestas de lucha o huida del organismo
- Invita a la paz y la tranquilidad en nuestra vida
- Nos conecta a nosotros mismos con la fuente

Cómo usarla

- **Autolimpieza:** Rocía una buena cantidad en las palmas de las manos y frótalas entre sí, lleva tus manos por todo el cuerpo, empezando por la cabeza y descendiendo hacia las plantas de los pies mientras visualizas que estás limpiando y eliminando los residuos de energía del día.
- **Limpieza de espacios y altares:** Rocíala o espárcela en tus espacios, igual que si sahumaras, pero con un líquido. Recuerda pronunciar tu intención mientras rocíes o esparzas. También puedes humedecer un trapo para limpiar y extenderla por todas superficies. El Agua Florida es una forma genial de limpiar cualquier energía estancada o baja en los altares, especialmente si has estado haciendo un trabajo de limpieza profunda, purificación o aseado.
- **Para la colada:** Al añadirla al último ciclo de aclarado, el Agua Florida elimina cualquier residuo de energía y deja la ropa con un olor fresco y a nuevo.
- **Para calmar y revitalizar:** Toma un pañuelo y empápalo ligeramente de Agua Florida, y luego introdúcelo en una bolsa con cierre y congélalo. Esto te proporcionará un gran remedio en los ojos o en la frente cuando te sientas fatigado física o espiritualmente. Recuerda que, con todos estos usos, es tu intención la que hace que salga la medicina. ¡Dilo en voz alta!
- **Honrar y llevar oraciones:** Al introducirla en un recipiente pequeño con agua, se puede rezar a esta mezcla y dejarla en los altares para transmitir tus intenciones y deseos.
- **Trabajo espiritual de tranquilidad y reconciliación:** Usa Agua Florida como ingrediente central para tus recetas y hechizos. Descubrirás más de estas recetas en los siguientes capítulos.

CAPÍTULO 3

LIMPIAS

El arte de la limpieza espiritual

¿Qué sucede cuando nos sentimos bloqueados, sin objetivos y como si estuviéramos bajo el agua, y cómo nos ayudamos a nosotros mismos y a quienes nos importan? Las limpias (limpiezas físicas y espirituales) van más allá de hacer rodar un huevo por nuestro cuerpo o que nos pasen un cepillo con hierbas y pociones de forma ritual. Esas ceremonias son la representación hacia el exterior de conversaciones espirituales y relacionadas con la energía más importantes que se dan entre nosotros, nuestros recursos (hierbas, pociones e inciensos), nuestro cuerpo, nuestras cortes espirituales y el Creador. Además, no se trata de experiencias iguales para todos en las que podemos tomar una píldora y curarnos. Las limpias son catalizadores que abren la puerta a la salud, el equilibrio, la estimulación y la evolución, y muy frecuentemente requieren de sesiones continuas, frente al «una vez y ya está». En ambos extremos, como sanador y como cliente, se nos invoca a la participación (abordando la raíz del problema en lugar del síntoma) para generar un cambio duradero y modificar cualquiera de estos problemas.

De forma similar a los médicos occidentales, las Curanderas (elaboradoras de medicinas tradicionales y sanadoras) y las Brujas pasan años de intenso estudio, formación y orientación antes de que se las reconozca como sanadoras capaces de llevar a cabo el trabajo. Una parte importante de esta formación tiene que ver no sólo con la identificación de las raíces de la enfermedad y el desequilibrio y tratarlas de forma eficaz, sino también con cómo nosotros, como sanadores, podemos limpiarnos después de nuestro trabajo con los clientes, de modo que no absorbamos esos trastornos. He conocido a muchas Curanderas que han muerto demasiado jóvenes debido a enfermedades y trastornos de avance rápido, y en estas tradiciones, eso se atribuye en parte a que las enfermedades han pasado al sanador en lugar de ser liberadas por el cliente. No pretendo asustar a nadie para que no lleve a cabo limpias para sí mismo o para sus seres queridos, pero hace falta que estudiemos mucho más para que dispongamos de la suficiente habilidad para trabajar para el público.

Dolencias psíquicas, espirituales y emocionales

El pensamiento viene antes que la acción, y los cambios de conciencia se producen antes que las modificaciones del comportamiento. En la Brujería trabajamos sobre el cuerpo físico para cambiar el cuerpo emocional y el espiritual, sabiendo que, cuando estas energías etéreas se alineen, nuestro yo físico encontrará su equilibrio natural de nuevo. A continuación, tenemos algunas de las dolencias mejor conocidas y cómo pueden afectar a nuestro yo físico.

Susto o espanto: Sobresalto, estupor, «pérdida de alma» o pérdida de la sombra. Puede ponerse de manifiesto en forma de facilidad para asustarnos, palpitaciones cardíacas constantes por razones desconocidas y la incapacidad de seguir adelante, unos niveles elevados de ansiedad, sentirse «incorpóreo», miedo a que seguirán sucediendo cosas negativas de nuevo, una sensación de que falta algo o de estar perdido y no tener el control, una tristeza inexplicable, falta de apetito, falta de interés por uno mismo, episodios en los que se llora desconsoladamente, mirarse a uno mismo por encima del hombro y sentir que todavía puede pasar algo malo, nerviosismo, tics musculares involuntarios y una somnolencia extrema durante el día e insomnio por la noche. El susto es similar a la energía y los síntomas relacionados con el trastorno de estrés postraumático (TEPT).

Mal de ojo o envidia: El mal de ojo es el resultado de ser el blanco de la envidia y los pensamientos e intenciones negativos por parte de otros. Se cree que el mal de ojo calienta la sangre, provoca síntomas físicos como diarrea, lloros, vómitos y gases en el estómago. También puede tener unos efectos psicológicos intensos que van desde alejarse de las atenciones y las críticas hasta patrones consistentes en no desarrollar todo el potencial o no querer elogios ni atenciones. Suele haber signos extremos de acoso, trato vejatorio y ser señalado intencionadamente debido a ser diferente (se es el más bajo en el orden jerárquico).

Bilis: La bilis representa una ira, agresividad y tendencias explosivas reprimidas. Puede manifestarse en forma de períodos de ira extrema además de en forma de elementos disociativos en la personalidad. La bilis suele tener vínculos con daños ancestrales profundos que se vuelven a reproducir inconscientemente a lo largo de las generaciones. Mi experiencia es que los perpetradores de violencia doméstica suelen poseer algunas de estas tendencias y problemas subyacentes.

Mal aire y mal viento: El mal aire significa que una persona se ha visto expuesta a «vientos fríos» y miasmas físicos y metafísicos. Espiritualmente, adquiere la forma de negatividad medioambiental que puede agobiar y debilitar a una persona espiritual, mental, física y psíquicamente.

Pesar: Profunda pena o pesadumbre del corazón y el espíritu que se pone de manifiesto debido a una pérdida profunda. Espiritualmente puede parecernos como si algo estuviese alimentándose de nosotros mismos y provocando una profunda desesperanza y depresión.

Embrujado: Hechizado, atrapado o prisionero, espiritualmente hablando. Se trata de un término que engloba todo tipo de operaciones negativas que las personas pueden infringirse. Las formas de diagnosticar la hechicería suelen implicar la deliberación y la adivinación con un Anciano en quien confíes.

Mal prójimo: Vecinos malos o malvados. Este tipo de mal es provocado por los pensamientos y sentimientos negativos de la gente más cercana a nosotros que disparan, intencionada o inintencionadamente, venenos y toxinas en nuestra dirección (flechas envenenadas). Algunos lo describen como vibraciones negativas que se supone que provocan destrucción y daños a una persona.

Duende: Un mal provocado por un encuentro con un espíritu (parásito, un vampiro de energía como un fantasma u otra entidad) que se ha captado inadvertidamente. Estas presencias pueden vincularse a lugares como cementerios, hospitales y funerarias (cualquier lugar en el que residan los muertos), además de entornos con una vibración baja que atraen a los seres maliciosos, como las prisiones, los lugares abandonados que albergan a enfermos y a veces incluso esquinas de calles en las que se han producido varios accidentes.

Agotamiento de la sombra: Se considera a nuestras sombras como nuestros gemelos espirituales que nacieron en el mismo momento que nosotros y que son los únicos seres que estarán físicamente con nosotros durante cada segundo de nuestra vida. Aunque la sombra «vive en los mundos astrales o etéreos», refuerza nuestra vitalidad y desea verse encarnada físicamente. El agotamiento de la sombra se da cuando entramos en estados de continuo vaciamiento, trauma, enfermedad grave y estrés.

¿Cómo nos empoderamos y qué herramientas tenemos a nuestra disposición?

LIMPIEZA A BASE DE NATURALEZA/ LIMPIEZA A BASE DE OXÍGENO

La mayoría de la gente olvida que la naturaleza se encuentra justo fuera de la puerta de nuestro hogar. Cuando vivía en el condado de Sonoma, una de mis actividades favoritas consistía en pasear por las profundidades del bosque Armstrong y dejar que la vegetación me limpiara (absorbiera todo mi estrés, mis preocupaciones y mi ansiedad) mientras respiraba el aire oxigenado del bosque. Soy consciente de que no todo el mundo vive cerca de una reserva de la naturaleza, pero sí hay acceso a árboles, hierba, plantas y la tierra y el cielo en la mayoría de los lugares a los que he viajado. Creo que es todo un reto pensar que los árboles y las especies botánicas que vemos creciendo en las aceras o en los parques de nuestras ciudades son «naturaleza», pero lo son, y podemos estar en conexión con ellos incluso más que en un bosque aislado en medio de la nada. El siguiente ejercicio te ayudará a desarrollar conexiones con los paisajes y la naturaleza que siempre están presentes en tu vida.

Encuentra un árbol, una roca, un pedazo de tierra o una masa de agua y relájate. Lucha contra el instinto de tener que hacer algo y simplemente quédate quieto. Permítete experimentar tu cuerpo, tu mente y tu Espíritu y estar presente en ellos. Prueba con sesiones de entre diez y veinte minutos dos o tres veces por semana y escribe en un diario acerca de la experiencia. ¿Cómo cambia el paisaje a lo largo de las estaciones? ¿Qué tipo de seres vegetales, animales y minerales están presentes? (no olvides que los humanos también formamos parte de la naturaleza y que deberíamos tenernos en cuenta como parte de este ejercicio). Éstos son tipos de experiencias que ayudan a desarrollar una alianza entre tú y la tierra que habitas, y abre los caminos a descubrir qué tipos de magias ya están presentes en tu entorno. Un proverbio de la Brujería dice que tanto las enfermedades como la cura surgen del mismo entorno y que las magias más relevantes se encuentran en tu propio patio trasero.

Como forma de crear una reciprocidad energética, piensa en tomar un regalo para mostrar tu agradecimiento, como un par de monedas, una salpicadura de agua o una pizca de tabaco, a modo de ofrenda por la compañía. Igual que no asistirías a una reunión sin un regalo para el anfitrión, piensa en hacer lo mismo en la naturaleza. Está acogiéndote e invitándote a la conexión, y las ofrendas son un signo de que estás dispuesto a mostrar agradecimiento a cambio.

LIMPIEZA EN SECO CON PLANTAS DE HOJA PERENNE

Independientemente de dónde haya estado en el mundo (ya fuera en Nueva York, San Francisco, Miami, Ciudad de México, Sicilia, Malta o Nigeria), siempre he podido encontrar algún tipo de planta o árbol de hoja perenne a menos de una manzana de distancia de donde me alojo. Si he tenido un día intenso, antes de meterme en el coche o de volver a casa, intento desprenderme de las energías que sean que haya captado tanto internamente como sobre mi cuerpo físico llevando a cabo este ritual. Recuerda que no consiste en necesitar una «cosa» para completar el trabajo, sino en reconocer que toda la naturaleza es una aliada y que puedes usarla para potenciar el poder que procede de tu interior. *Véanse* los capítulos 4 (enebro), 5 (abeto) y 6 (pino y cedro).

cualquier planta de hoja perenne
una ofrenda

1. Encuentra una planta de hoja perenne que te hable, pero no escojas una que esté muriéndose o que parezca enferma. Debe ser una planta sana.
2. Tómate un momento para sentir a la planta y fíjate en si quiere trabajar contigo. Generalmente, si la planta está de acuerdo, las energías serán estables y se mostrarán relajadas, pero si no es así, indudablemente, lo percibirás con los sentidos. Aprenderás a confiar en tu instinto y en lo que estás sintiendo y percibiendo física, mental, emocional y espiritualmente. Estás invitando a los Espíritus internamente frente a esperar de ellos que aparezcan externamente frente a ti.
3. Entrégale la ofrenda a la planta y dale las gracias (no tiene por qué tratarse de un discurso complejo: un simple «Gracias por trabajar conmigo» está muy bien).
4. Parte, delicadamente, una parte entre pequeña y mediana de la planta.

5. Acoge su presencia e inspira profundamente su aroma (huele la planta de verdad y permite que la experiencia sensorial se absorba).

6. Ahora vas a rezar y exponer verbalmente tu petición a la planta para que te limpie de cualquier experiencia, energía, fuerza, entidad o situación negativa que lleves sobre ti y que las elimine de tu cuerpo, mente, corazón y Espíritu.

7. Empezando por la coronilla, pásala, con movimientos circulares (en sentido horario y antihorario) y de barrido por la parte superior de la cabeza; la frente y los lados y la parte posterior de la cabeza; luego por el tercer ojo; por toda la parte trasera de la cabeza; por toda la cara, concentrándote en los ojos, la nariz y la boca; desciende por la barbilla y por toda la parte delantera y trasera del cuello; a lo ancho de los hombros y por la parte posterior de los mismos y la región inferior del cuello; en sentido descendente por delante y detrás de brazos, axilas y manos; luego desciende por el pecho, concentrándote en el corazón, los pulmones, la caja torácica, los lados del torso, el estómago, el ombligo y la parte delantera de los genitales; luego tan a lo largo de la espalda como puedas alcanzar (los riñones, la parte posterior del intestino, los pulmones y el corazón). Ahora pasa a la zona anterior y posterior de las caderas, el perineo y las nalgas (las dos); desciende por la parte delantera y trasera de los muslos y también de las rodillas, espinillas, tobillos, y por último por encima, por debajo y por los lados de los pies. Al final deberías sentirte realmente bien y con una energía un poco más ligera (cuando llego a casa generalmente me rocío con algo o me doy un baño espiritual para eliminar más a fondo cualquier toxina).

8. Después de la limpieza física suelo dar tres palmadas, emito un ruido o piso fuerte para pasar, desde el punto de vista de la energía, el trabajo espiritual a la conciencia cotidiana, además de para indicarle al Espíritu que el ritual en sí mismo ha concluido.

9. Pronuncia un agradecimiento final a la planta viva y luego toma los restos del manojo que has usado para la limpieza y deshazte de ellos en la naturaleza (o si están realmente sucios y llenos de tu porquería espiritual, puedes tirarlos a la basura). Una vez eliminados, no mires hacia atrás ni regreses a esa área durante el resto de la noche.

LIMPIEZA ESPIRITUAL DE NOSOTROS MISMOS Y DE OTROS CON HUMOS SAGRADOS

Para obtener una descripción más detallada de una limpieza con humo sagrado, además de una lista de mezclas para sahumar, plegarias e instrucciones sobre cómo trabajar con carboncillos o quemadores de incienso, *véase* https://ulyssespress.com/books/the-modern-art-of-brujeria como enlace para obtener información adicional.

1. Empieza con una oración verbalizada y pídele a las resinas y las hierbas que trabajen contigo y con el Creador para purificar y limpiar, ayudar a eliminar toda la negatividad y los obstáculos, y restablecer la armonía y el equilibrio en tu interior y con los demás.
2. Empieza por la parte delantera de tu cara y lleva suavemente el humo hacia el rostro y por encima de la cabeza (asegurándote de no aguantar la respiración, ya que debes inspirar un poco de humo). Lleva el humo en dirección a los ojos, el tercer ojo, las orejas, la nariz y la boca, y luego lleva el humo por encima de la coronilla y la parte posterior de la cabeza.
3. Ahora desciende por la zona delantera y trasera del cuello, a lo ancho de los hombros y la parte superior de los brazos. Luego pasa a la zona interior de los brazos y la parte posterior de los omoplatos, y después a la zona superior e inferior de las manos.
4. A continuación, pasa a la parte anterior, posterior y a los lados del torso, concentrándote en el corazón, los pulmones, el plexo solar, el intestino y los riñones.
5. Luego pasa a la zona delantera, trasera y los lados de genitales y caderas. Después desplázate por debajo del perineo con el humo (si estás trabajando con otras personas sé respetuoso y pide permiso para conducir el humo en esa dirección: mi intención es evitar traumatizar todavía más a alguien que acuda a mí en busca de ayuda). Ahora pasa a las nalgas, asegurándote de ocuparte de ambas.
6. Por último, pasa a la parte anterior y posterior de muslos, rodillas, espinillas, tobillos y la zona superior e inferior de los pies.

7. Recuerda que, a lo largo de este proceso, estás invocando a los Espíritus de las hierbas y al Creador para que lleven a cabo su trabajo frente a que tu propio Espíritu soporte toda la carga. He visto a sanadores agotados por completo después de limpiar a una única persona porque estaban usando su propia energía en lugar de dar un paso atrás y dejar que los elementos botánicos y los tipos importantes (las divinidades, los guías y los ayudantes) se ocuparan de la tarea.

8. Tómate un momento para recomponerte y dar las gracias a todos los Seres que te han defendido (a ti y al cliente) durante el proceso, y llegado a este punto el ritual se habrá completado.

   Nota: A veces me siento impulsado a concentrarme en distintas partes del cuerpo o a hacer sonar campanas o sonajeros como parte de este proceso. Hay muchas variantes y formas de trabajar con humos sagrados, pero el aspecto más importante consiste en permitir que el Espíritu te guíe. Recuerda que estas recetas y pasos son orientaciones que señalan el camino para que todos comprendamos cómo funciona nuestro propio Espíritu frente a una mentalidad de aprobar o suspender.

LIMPIEZA ESPIRITUAL Y PROTECCIÓN DE UN ESPACIO

Incienso de Resinas Sagradas (cap. 6)

Baño para Descruzar (cap. 4)

Vela de Reversión de Doble Acción (cap. 6)

Lavado de Amor y Buena Fortuna (cap. 4)

Aceite de oliva o cualquier aceite protector (caps. 6 y 7)

1. Limpia el espacio físicamente y líbrate de todo el desorden y la porquería.

2. Sigue el mismo procedimiento cada vez, empleando primero la Mezcla del Incienso de Resinas Sagradas, luego el Baño para Descruzar y después la Vela de Reversión de Doble Acción.

- **Abre todas las puertas y los armarios** y las zonas de almacenamiento, ya que querrás que los humos, el baño y la llama se dispersen por cada esquina del espacio en el que vives, de modo que el Espíritu de tus especies botánicas y el Creador puedan acariciar todas las superficies.

- **Empezando por la entrada**, inicia el proceso con la mezcla de incienso, permite que arda y luego orienta el humo de arriba abajo y desde detrás hacia delante. A continuación, crearás tres cruces equiláteras, que representan las cuatro direcciones y los elementos en armonía a través de todos los reinos físico, emocional/mental y espiritual. Mientras guías el humo, expón verbalmente tu intención e invita a la especie botánica al espacio. «Espíritu de estas Resinas Sagradas, esencias de purificación, claridad y conocimiento, sois bienvenidas a este espacio. Os invoco con este humo sagrado para que limpiéis todos los obstáculos, el estancamiento y las fuerzas negadoras de este espacio y os aseguréis de que no vuelvan. Desde todas las esquinas y direcciones, purifico y limpio este espacio en nombre del Creador».

- **Camina hacia la habitación más lejana de esta área** y repite metódicamente estas mismas acciones mientras pronuncias físicamente tus intenciones, cubriendo cualquier umbral, pared, esquina, ventana, armario y alacena con los humos sagrados. Si el área que estás limpiando tiene múltiples pisos, empieza desde arriba y ve desplazándote hacia abajo, y trabaja desde la parte trasera hacia la delantera.

- **Ahora que has hecho un circuito completo**, pasando de la entrada a la zona más alejada y volviendo al principio, repite los gestos una última vez mientras dices: «Espíritu de nuestros Humos Sagrados, gracias por tu trabajo y apoyo. Te pido que sigas limpiando y protegiendo este espacio. Permite que sólo energías, fuerzas y personas positivas e inspiradoras entren aquí».

- **Usando este procedimiento como ejemplo**, continúa este proceso de sahumado con la mezcla del baño para descruzar y la llama. «Baño para Descruzar, Espíritu que corta, despeja y limpia toda forma de negatividad, enfermedad, energías desequilibradas y espíritus no invitados, os invoco para eliminar estas fuerzas de mí y de este espacio de inmediato; para que limpiéis, purifiquéis y reequilibréis esta zona y permitáis que sólo la positividad, las bendiciones y la paz permanezcan aquí. Restaura, rejuvenece y rellena esta área de tu gracia». «Vela de Reversión, Espíritu que quema completamente y transforma todo mal, negatividad, obstáculos, bloqueos y espíritus no invitados, limpia, despeja y reequilibra esta área de inmediato. Ayúdame mientras reclamo estos espacios por completo, tanto por dentro como por fuera y protégeme a mí y a esta zona de los intrusos de energía y de aquellos que no tienen, consciente o inconscientemente, lo mejor para mí en su corazón. Espíritu de la Reversión, deshaz todo mal y devuélveselo a su remitente».

3. Ahora pasarás al trabajo de bendición, que protege el espacio y lo llena de todas las fuerzas positivas y bendecidas de la Creación. Recuerda que cuando llevas a cabo un trabajo de limpieza, se genera un vacío en las energías, y para que no se llenen inmediatamente de negatividad, empleas un trabajo de bendiciones y fortuna para asegurarte de que esos espíritus y fuerzas no puedan regresar a su interior. En este caso usarás la Mezcla de Incienso para Marcar Límites y de Protección y el Lavado de Amor y Buena Fortuna (se trata de un baño cuando se emplea para el cuerpo y un lavado si se usa para espacios).

- **En esta ocasión te desplazarás en orden inverso**, yendo de abajo a arriba y de delante a atrás, invitando literalmente a las bendiciones a cada esquina de la casa, empezando por el umbral. Tu primer paso empezará, de nuevo, por la puerta de entrada, pero esta vez harás los gestos mencionados anteriormente (de abajo a arriba y de delante a atrás), creando cruces en el aire. Mientras haces los gestos y guías al humo, pronuncia las intenciones en voz alta:

- **«Espíritu de esta mezcla protectora**, ayúdame a conectar con mi yo superior y despierta a mis Guardianes y Protectores Sagrados tanto en mi interior como en mis espacios. Te pido que camines conmigo y que crees la senda para que las bendiciones y el Creador entren en mi vida y en mi espacio. Sé un centinela de protección en mi hogar y permite que sólo entren aquí felicidad, risas y amor».

- **Siguiendo los pasos de limpieza en orden inverso**, te abrirás camino por toda el área, llegando a todas las esquinas, las estanterías, los recovecos y las grietas (recuerda trabajar de abajo a arriba y de delante a atrás hasta regresar al umbral). Ahora que has llevado a cabo este último camino en círculo en el área con el humo Sagrado, completa los gestos una vez más y da las gracias al Espíritu del Incienso del Árbol *Boswellia sacra*. «Espíritu de este Humo Sagrado Protector, te doy las gracias por tu apoyo y ayuda. Sigue estando presente en mi interior y en este espacio».

- **Ahora sigue los mismos métodos y procedimientos con el Lavado de Amor y Buena Fortuna.** «Buena Fortuna y Amor, os invoco para que bendigáis y respaldéis este espacio con abundantes bendiciones, riquezas, y emociones, pensamientos, acciones y energías cariñosas y para que elevéis las vibraciones, los corazones y el Espíritu de todos aquellos que entren aquí. Estad conmigo, Fortuna y Amor, sed mis aliados, defensores y guías y aseguraos de que independientemente del lugar en el que me encuentre en el mundo, vuestra presencia siempre esté cerca».

- **Por último**, sella el umbral, las puertas delantera y trasera y las ventanas con aceite de oliva o una mezcla protectora de tu elección. Sellarás estas zonas con un dibujo hecho con cinco puntos (cuatro esquinas y un punto central) y pronunciarás en voz alta tus intenciones y oraciones relativas a las bendiciones a las que quieres invitar y cómo quieres que entren en tu vida y, además, que estos umbrales estén sellados y protegidos contra todas las energías y fuerzas negadoras. «Aceite Protector, ayúdame a vigilar y proteger este espacio de todos los seres, espíritus, fuerzas y gente no deseados, no invitados y negativos. Sé mi salvaguarda y mi guardián, y que sólo puedan entrar aquellos que tengan buenas intenciones y energías positivas».

CAPÍTULO 4

BAÑOS Y LAVADOS ESPIRITUALES

El arte de los baños y lavados espirituales

El agua como conducto para las prácticas espirituales, mágicas y religiosas aparece globalmente a lo largo de las culturas y del tiempo. El agua refresca, tranquiliza, despeja, limpia, mueve corrientes eléctricas, conserva la memoria, sostiene la vida y ayuda a que los organismos medren: todas estas ideas y formas estén presentes en la Brujería.

La higiene física y espiritual tiene menos que ver con la «limpieza» y más con los procesos en los que nos implicamos para cultivar la salud. Darse una ducha, barrer el suelo y cepillarnos los dientes no son sólo formas de eliminar la suciedad y la porquería, sino que también tienen que ver con generar las condiciones óptimas para prosperar. Al igual que limpiamos nuestro hogar y nuestro cuerpo, la higiene espiritual es necesaria para eliminar, limpiar, fortalecer y embellecernos de dentro a fuera. Llevando a cabo rituales mientras nos bañamos físicamente, también podemos purificarnos espiritualmente, respaldando así los resultados que deseamos ver en nuestra vida. En este capítulo descubriremos las distintas formas en las que podemos implicar a los lavados y los baños para crear tu conjunto de herramientas de la Brujería.

Baños

Los baños tienen varios medios y formulaciones. Como introducción a este trabajo he incluido una breve lista de algunos de los tipos más comunes que encontrarás en las tiendas que venden hierbas y amuletos para la práctica de la santería (tiendas de Brujería) y los comercios de productos metafísicos y espirituales.

- **Despojos:** Los despojos hacen referencia al desposeimiento, y los despojos desmantelan y cortan los lazos entre nosotros mismos y las conexiones y fuerzas no deseadas, eliminan obstrucciones y obstáculos, rasgan y apartan capas de detritos físicos y de energía, y son de utilidad para tratar con las posesiones por arte de espíritus (lugares en los que no ostentamos completamente el control y otra conciencia está solucionando problemas no resueltos).

- **Amargos y de ruptura:** De forma parecida a los despojos, los baños amargos y de ruptura rompen problemas estancados, liberando calor espiritual, descruzando nuestros caminos y aclarando nuestras confusiones, liberando trastornos emocionales no resueltos y cosas que hemos captado de los demás o del entorno. Los baños amargos ayudan en los procesos de detoxificación y digestión a un nivel espiritual, y algunas de las hierbas también estimulan y respaldan la salud y el mantenimiento del hígado, la vesícula biliar y el intestino.

- **Mejorante y atrayente:** Tal y como implica su nombre, los baños mejorantes (dulcificantes) y atrayentes están pensados para elevar nuestras vibraciones, atraer bendiciones e incrementar nuestra salud, y son infrautilizados en los trabajos de protección (acciones y rituales espirituales). La gran mayoría de los practicantes piensa que la protección sólo implica combatir contra cosas o vigilar agresivamente nuestro espacio. En general, estos baños están pensados para traer alegría y esperanza de nuevo a nuestra vida y nuestro hogar mientras creamos las condiciones para satisfacer completamente nuestras bendiciones y aferrarnos a ellas.

- **De fortalecimiento, aseguramiento y protección:** De forma similar a los baños dulces, los trabajos de los baños de fortalecimiento, aseguramiento y protección ayudan a reforzarnos, a defender nuestros límites y propiedades, y a guardarnos de la gente, las fuerzas y las energías no deseadas y no invitadas.

- **De control y dominación:** Estos baños respaldan que tengamos el control en todos los tratos y el hacer que los demás accedan a nuestros pensamientos, visiones, energías e ideas.

Lavados

Al igual que sucede con los baños, los lavados involucran unos problemas similares y se distinguen, principalmente, por la forma en la que se emplean. Creados para trabajar con los espacios físicos, para bañar y cargar objetos, y para limpiar zonas concretas del cuerpo, los lavados suelen tener unas fórmulas con unas mayores concentraciones de alcohol y de aceites que los baños.

- **Suelo:** Usados tanto para despejar como para limpiar nuestros espacios físicos como para proteger y bendecir.
- **Negocio:** Usados para eliminar la pobreza, la mala suerte y las energías negativas de nuestra vida mientras atraemos a unos clientes constantes.
- **Colada:** Podemos usarlos en nuestra colada para llevar más lejos las energías en nuestra vida. Cuando la gente se encuentra con nosotros, recoge y se lleva el hechizo consigo.
- **Cuerpo:** Se pueden limpiar partes concretas de nuestro cuerpo para que atraigan ciertas energías: las manos para las apuestas y el dinero, la cabeza para la percepción y la claridad, los pies para la resistencia y la fuerza, y los genitales para la atracción y el amor.

Elección del momento adecuado, fases y trabajar con las estaciones

El *momento* en el que llevemos a cabo nuestros trabajos puede tener importancia, ya que los distintos instantes del día y del año generan energías distintas. Éstas son algunas ideas y formas generales de pensar en la elección del momento oportuno para nuestros baños y lavados, aunque la primera norma de la Brujería es hacer las cosas cuando las necesitamos y no esperar hasta que sea el «momento adecuado». Se supone que la elección del momento adecuado se suma a nuestros trabajos (en contraposición con la idea de que, si no los llevas a cabo en un día o momento concreto, fracasarán). En la lista que aparece a continuación describo días y momentos a lo largo de la semana emparejados con sus asociaciones espirituales.

Momentos del día

- **Medianoche, 03:00 h., salida del sol:** Descruce/ruptura/limpieza/ despejado, trabajo astral, bendiciones de los ancianos de la noche y de las fuerzas no vistas.
- **06:00 h-09:00 h:** Trabajo con los antepasados.
- **09:00-mediodía:** Trabajos de bendición y atracción.
- **Mediodía-18:00 h:** Protección, defensa, fortalecimiento, construcción.
- **18:00 h-21:00 h:** Trabajos de bendición y atracción.
- **21:00 h-medianoche:** Trabajo con los antepasados.
- **23:30 h-12:30 h:** Hora negativa (en las tradiciones de la Brujería y de los conjuros del sur de Estados Unidos, se considera que el período de las 23:30 h-12:30 h es un período intermedio en el que los portales de energía se abren para las entidades maléficas).
- **Medianoche-03:00 h:** Horas negativas en las que los muertos que no descansan están especialmente activos.
- **03:00h-06:00 h:** Bendiciones del Creador, soñar de verdad, experiencias visionarias y horas de profecías, viaje astral y revitalización de la vida.

Días de la semana

- **Domingo:** Descruzar y limpiezas, trabajo con los antepasados, paz, tranquilidad, meditación, hogar y vida familiar, sanación, vitalidad.
- **Lunes:** Apertura de caminos, comunicación, retirar dinero, seguridad para la protección, desarrollo de la intuición y la percepción, embellecimiento.

- **Martes:** Despejar, fortalecer, proteger, coraje, pasión, deseo, magias orientadas a los objetivos.
- **Miércoles:** Escribir, estudiar, éxito, victoria, inspiración, asuntos públicos o motivados por la comunidad.
- **Jueves:** Negocios, política, asuntos legales, adivinación, liderazgo, crear estrategias, romper adicciones.
- **Viernes:** Amor, dinero, amistades, conectividad, asociaciones, habilidad artística, diversión, fiesta.
- **Sábado:** Protección, manifestación, culminación, familia y hogar, empezar las cosas con disciplina.

Lunar

- **Luna nueva:** Limpieza, descruces, nuevos comienzos.
- **Luna creciente:** Incrementa gradualmente las bendiciones, la suerte, las fortunas y el amor.
- **Luna llena:** Punto culminante de las bendiciones, experimentación de la plenitud de la manifestación.
- **Luna menguante:** Se lleva las cosas, hace que se desvanezcan, las desplaza fuera y lejos.
- **Primer día de cada período lunar:** Representa el inicio de las energías de esa fase lunar y es el día tradicional en el que iniciaríamos los baños.

Estaciones

- **Otoño:** Cosechar nuestros objetivos, poner de manifiesto proyectos largos, ver el fruto de nuestro trabajo.
- **Invierno:** Descansar, visionar, desarrollarnos, rellenar.
- **Primavera:** Plantar, germinar, nacer, crear nuevos proyectos.
- **Verano:** Crecer, medrar, cultivar, disfrutar, experimentar.
- **Año nuevo:** ¡Empezar el año con energías renovadas! En muchos países de América con regiones costeras existe la tradición de bañarse a medianoche en el océano. Para practicarlo, desnúdate y aléjate, nadando, a una cierta distancia de la costa. A medianoche, mirando hacia la playa, usa las primeras siete olas para que te impulsen hacia delante mientras pronuncias un objetivo para poner algo de manifiesto para el nuevo año.

TRABAJAR CON EL AGUA DEL BAÑO ESPIRITUAL USADA: DESECHOS

En muchas de las tradiciones de la Brujería se proporcionan instrucciones para la eliminación del agua de baño usada, pero la mayoría de las veces nadie explica por qué. El agua de baño usada representa la totalidad del ritual (el agua conserva la magia y recuerda la petición), y deshaciéndose de ella de ciertas formas, el practicante crea un camino o río de energía que pone de manifiesto la intención del trabajo. A continuación, tenemos momentos y lugares para deshacernos del agua de baño usada y sus usos planeados.

- **Salida del sol:** Abrir posibilidades, entrar en un nuevo día.
- **Puesta del sol:** Eliminar una situación, influencia, fuerza o persona negativa; hacer que se marchen igual que el sol está abandonando el cielo.
- **Encrucijadas:** Purificación, rompedor de bloqueos, eliminar hechizos, apartarnos de nuestra experiencia actual hacia algo completamente nuevo.
- **En un entorno salvaje o en la naturaleza:** Similar al caso de las encrucijadas: alejar las cosas de nosotros y hacer que no nos sigan de vuelta casa; avanzar más allá de lo que estamos viviendo y crear un nuevo camino.
- **Árboles:** Pedirle al árbol que aleje las energías (generalmente descruzar/romper) y que las transforme. El árbol actúa tanto como punto de acceso que nos ayuda a conectar con el Creador y como sustituto de la energía para nosotros (el árbol consiente en llevarse la enfermedad o la negatividad).
- **Grandes rocas y peñascos:** Romper energías duraderas y estancadas cuando sientas que te estás enfrentando a unas dificultades insuperables.
- **Calles:** Lanzar el agua del baño usada a la calle esparce las energías mientras los coches circulan sobre ella.
- **Jardín trasero:** Para conservar las energías como el amor y el dinero en casa.

- **Huellas:** El agua de los baños puede lanzarse sobre huellas de pies, ya que se considera que éstas son un asunto personal (una cosa vinculada a la persona, como el cabello, las muestras de escritura o la ropa) que puede trabajarse ritualmente para que provoque una reacción en el interior de la persona cuyas huellas se usen.

RITO DEL BAÑO PARA DESCRUZAR (TRADICIÓN DE LA MAGIA NEGRA)

baño espiritual (para las recetas de baños espirituales véase más arriba)

2 velas (las velitas de té funcionan de maravilla)

ropa limpia

Algunas cosas importantes a tener presentes acerca de los baños espirituales:

- Históricamente, los baños espirituales se tomaban de formas muy concretas. Siéntete libre de deleitarte y remojarte bien en tu baño. Sin embargo, para trabajar este rito, también deberías seguir las instrucciones tradicionales tras el remojo.
- Dispones de dos opciones sobre cuándo darte el baño: al alba o a medianoche. Con el alba nos referimos a la primera luz del día.

  Al determinar a qué hora empezar el baño querrás tener en cuenta si quieres ponerte a remojo o no antes de iniciar el rito propiamente dicho. El rato empleado deleitándote o empapándote en el baño debería usarse para concentrarte en tus intenciones. Si incorporas esto a tu plan del rito del baño, deberás empezar 45 minutos antes de la medianoche o del alba. Dependiendo de mi estado de ánimo, además de si tengo acceso a una bañera, puede que me apetezca pasar directamente al ritual frente a tener que remojarme. En esos casos, mi elección del momento adecuado es un poco más libre y empiezo 30 minutos antes de esas horas. Darse un baño a medianoche o al alba significa que quieres estar en la encrucijada en ese momento.

- Los baños espirituales no consisten en «enjabonarse y hacer espuma», sino que se trata de baños rituales. Si necesitas estar «limpio», date un daño o una ducha antes de iniciar el trabajo.

- Mientras te das tu baño espiritual, la única luz en el cuarto de baño la proporcionarán las velas. Las velitas de té son geniales para esto, aunque lo ideal es que sean blancas (si sigues el simbolismo de los colores, también puedes escoger velas cuyos colores respondan a las intenciones que tienes para tu baño). Coloca las velas en el suelo, al lado de la bañera o la ducha y bastante separadas entre sí. La idea es que las velas representen una puerta de entrada o un umbral al que accederás o que cruzarás mientras entras a la bañera o la ducha.

- No soples las velas para apagarlas después del baño. Si tienes que apagarlas, hazlo con un apagavelas o usando tus dedos índice y pulgar. En condiciones ideales, querrás que estas velas quemen hasta agotarse (y ésa es una razón por la cual las velitas de té son tan útiles). Te recomiendo que antes de deshacerte del agua del baño en la encrucijada (a continuación, proporcionaré más información sobre esto) coloques tus velas en un altar personal adecuado o en otro lugar especial.

- Después de haber completado tu ritual del baño, no deberías secarte con una toalla, sino secarte al aire.

- Puede que tu baño tenga hierbas o residuos de ellas, y que como resultado de ello se peguen a tu piel. Permite que se sequen sobre la piel mientras te secas al aire. La idea del secado al aire es fijar el trabajo que has llevado a cabo: querrás conservarlo en ti.

- Cuando te hayas secado, deberías ponerte ropa limpia.

- Puede que queden residuos herbales en la bañera. Puedes eliminar esos restos después, y no es necesario que te deshagas de ellos de ninguna forma especial.

- Después de completar el baño, quizás quieras tomarte algo de tiempo para observar tu paisaje interior. La observación y el mantenimiento de registros ayudan a fijar el trabajo que estás llevando a cabo, y te anima a anclar tu experiencia de formas que requieran de tu presencia. Al hacerlo cocrearás (con el propio rito) las condiciones que deseas cultivar.

- Tras el baño, presta atención a las señales (esos momentos adivinatorios en los que percibes que el misterio está conversando contigo) durante la vida de vigilia y la onírica.
- A veces, los baños espirituales, como parte del trabajo, ponen sobre el tapete asuntos difíciles. Esto no siempre es cómodo, pero puede formar parte de un proceso de liberación y transformación. Es importante que te respaldes cuanto puedas con las herramientas de las que dispongas cuando te sometas a cualquier trabajo espiritual.
- Aunque mucha gente muestra cambios notables como resultado de los baños espirituales, cada cual mantiene una química distinta con distintos rituales. Después del baño espiritual puede que no te sientas «arreglado», pero habrás profundizado en tu compromiso con esos paradigmas que deseas transformar.

Instrucciones para darse un baño espiritual:
1. Vierte el baño en una bañera con agua caliente (o en un cubo o balde si usas una ducha).
2. Después de haber encendido las dos velas, pasarás por el espacio que queda entre ellas, como si fueran una puerta de acceso, para así acceder a tu baño. Antes de entrar en el baño es recomendable que hagas una cosa de las siguientes: pronunciar una plegaria, manifestar tus intenciones claramente o recitar un salmo adecuado (el Salmo 23 es un estándar para este trabajo).
3. Después de ponerte a remojo y de concentrarte en tu intención, querrás pasar al rito propiamente dicho. Usando tu recipiente, verterás agua desde la cabeza o el cuello en sentido descendente siete veces. Si deseas conservar tu peinado, vierte el agua desde el cuello. Te recomiendo encarecidamente que viertas el agua desde la cabeza. Verterás el agua y representarás el rito de la siguiente forma (nota: repetirás este conjunto de movimientos siete veces seguidas):
4. Verterás, desde la cabeza o el cuello, y en sentido descendente, el agua por la parte delantera de tu cuerpo.
5. Cada vez que viertas el agua, pensarás en los trastornos que quieres eliminar y en los aspectos que quieres cultivar. Para algunas personas esto adquiere la forma de una plegaria, mientras que para otras es suficiente con permitir que las palabras surjan.

6. Llevarás a cabo esta serie de gestos siete veces seguidas, y puedes usar la misma oración cada vez, o puedes recitar una plegaria distinta cada vez. Como desees.

7. Después de haber pronunciado la oración y de haber vertido el agua en sentido descendente por la parte delantera del cuerpo, deja tu recipiente. Ahora llevarás a cabo estos gestos concretos:

8. Cruza los brazos de la siguiente forma: la mano derecha sobre el hombro y la mano izquierdos sobre el hombro derecho.

9. Ahora frotarás tu cuerpo en sentido descendente y de lado a lado con ambas manos al mismo tiempo, descruzando las manos al llegar a tus muslos. Al descruzar las manos, pronuncia en voz alta: «Elimina el trastorno de mí».

10. Concluye frotando muslos, piernas y pies.

Para recapitular, éste será el patrón siete veces seguidas:

Oración/verter agua en sentido descendente por el cuerpo/dejar el recipiente/cruzar las manos sobre el pecho/descruzar las manos/finalizar frotando, en sentido descendente, piernas y pies.

• Cuando hayas completado el rito y te hayas secado al aire y puesto ropa limpia, desecharás el agua del baño. Antaño, la gente se bañaba en bañeras portátiles en el exterior, y para deshacerse del agua simplemente vaciaban la bañera en dirección al este, pero la mayoría de nosotros ya no nos bañamos así. En lugar de ello, llenarás el recipiente de agua del baño, y esto representará a toda el agua del baño. Después de tener tu muestra de agua del baño, puedes dejar marchar el resto del agua por el sumidero de la bañera.

• Te desharás del agua del baño yendo a la encrucijada. Una encrucijada es cualquier lugar en el que se cruzan dos caminos o sendas. Una vez ahí, lanzarás o verterás el agua hacia el este, la dirección del sol naciente.

• Es típico pronunciar unas palabras después de deshacerte del agua del baño en forma de una oración o de otras palabras improvisadas. Un sencillo «Amén» o un «Está hecho» también funcionan bien.

• Después de haberte deshecho del agua en la encrucijada, date la vuelta y camina hacia casa sin mirar hacia atrás. Una vez en casa, deberás sentarte para meditar o reflexionar.

RITO DE BAÑO MEJORANTE

Los baños mejorantes o dulcificantes se supone que deben ser exuberantes, y son muy similares a los baños para descruzar o de ruptura, pero con algunas diferencias clave:

1. Tómate tu tiempo para asimilar la sustancia de este proceso, ya que estos baños te ayudan a magnificar e irradiar tus intenciones en el mundo.
2. Los baños mejorantes pueden, normalmente, tomarse en cualquier momento del día, y la elección del momento adecuado se basa en los problemas por los que estés pasando (por ejemplo, yo me daría un baño de amor antes de una cita o un baño de empleo continuo antes de una entrevista de trabajo).
3. En lugar de desplazarte en sentido descendente por el cuerpo, frotarás en sentido ascendente desde los pies hasta la cabeza mientras rezas por tus metas y deseos.
4. De forma parecida al Baño para Descruzar que se ha explicado más arriba, el agua se recoge para deshacerse de ella, pero en lugar de llevarla a una encrucijada, puedes usarla de muchas formas distintas. El agua de un baño de amor usada puede rociarse desde la puerta delantera al entrar en casa y esparcirse por el camino que te gustaría que siguiera el objeto de tu amor (el sofá, la cocina, la cama, etc.). Los baños de dinero pueden rociarse allá donde te gustaría atraer a clientes y esparcirse en la puerta delantera, o puedes rociarlos donde tengas el dinero y en las manos cuando apuestes.

EJEMPLO DE CEREMONIA DE LAVADO DE UN NEGOCIO

Los lavados del suelo y las magias generales para el dinero se asociaron con los viernes, ya que los salarios semanales se pagaban después del trabajo, los viernes por la tarde o la noche. Estas tradiciones se han mantenido constantes incluso en la actualidad, y parte de mis prácticas actuales giran alrededor de la apertura de caminos, la ruptura de bloqueos y los trabajos para el dinero, para empezar a atraer estas bendiciones para la semana venidera.

1. El primer paso consiste en el trabajo de preparación: limpia, purifica y sella tu espacio física y espiritualmente.
2. A continuación, prepara el baño. Escoge una fórmula adecuada para tus necesidades Sugeriría programarla con el ciclo de la luna nueva para hacer crecer tu negocio, del mismo modo en que la luna crecerá en el cielo. Piensa también en programarlo para el inicio de tu jornada laboral o justo antes de las horas con más clientes.
3. Pega una fórmula general para atraer el dinero a dos velitas de té y colócalas en el umbral de la puerta delantera del negocio.
4. Empieza frotando o rociando el suelo, desde la acera o la entrada delantera del edificio, con el lavado del negocio para atraer el dinero, creando el camino que quieres que sigan los clientes para llegar a la caja registradora. Mientras frotas y esparces, pronuncia tus intenciones y oraciones y visualiza que diriges a los clientes por la tienda, mostrándoles dónde gastarse su dinero para acabar llegando al punto de venta. Describe físicamente la experiencia que quieres que tengan y el tipo de bienes y servicios que te gustaría que compraran.
5. Siguiendo con las mezclas de humo sagrado alineadas con tus deseos, vuelve a empezar en la acera y dirige a los clientes y a la energía del dinero por todo el comercio y hacia la caja registradora mientras verbalizas tus intenciones y plegarias.
6. Por último, pega las fórmulas para atraer el dinero a una vela en un contenedor de vidrio que dure siete días y paséala por toda la tienda una última vez mientras vuelves a verbalizar tus intenciones. Coloca esta vela cerca de la caja registradora o en el altar del dinero para completar el rito.

Qué esperar después

Después de haber completado el trabajo del baño, tómate tiempo para observar tus paisajes interiores. Es extremadamente importante que observes y tomes notas en un diario para ayudar a fijar el trabajo como forma de poner sobre la mesa todas tus sensaciones de conocimiento. Al hacerlo, cocreas (con el propio rito) las condiciones para poner de manifiesto estas magias.

Tras el baño, presta atención a las señales (esos momentos adivinatorios en los que percibes que el misterio está conversando contigo) durante tu vida de vigilia y onírica.

A veces, los baños espirituales, como parte del trabajo, hacen que surjan problemas difíciles. Esto no siempre es algo cómodo, pero puede formar parte de un proceso de liberación y transformación. Aunque mucha gente experimenta cambios notables como resultado de baños espirituales, cada cual mantiene una química distinta con distintos rituales. Puede que después del baño espiritual no te sientas «arreglado», pero habrás profundizado en tu implicación y tus magias, asentando así las bases para tus objetivos finales.

Ahora que sabes cómo usar los lavados y darte baños, pasemos a las recetas que han demostrado probada eficacia en mi propia práctica. En el caso de cada receta, empieza con una jarra de agua obtenida de la fuente de tu elección, reúne los ingredientes y bendice individualmente cada uno de ellos, respirando sobre ellos tres veces antes de introducirlos en tu jarra.

Baño de limpieza de la tienda de comestibles

1 parte de sal de roca	romero (véase más abajo)
2 partes de sulfato de magnesio	hierbabuena/menta (cap. 2)
	tomillo
3 partes de sal marina	camomila
cítricos (cap. 2)	

Sales: Son limpiadores naturales. La sal absorbe las características físicas y espirituales de cualquier cosa que toque. Las sales de roca limpian y fortalecen los tejidos y ayudan a la regeneración celular, el sulfato de magnesio tiene propiedades analgésicas que alivian la hinchazón y resultan de ayuda en caso de que los músculos estén doloridos, y las sales marinas llevan consigo las energías y los Espíritus de los océanos y los mares y representan las olas no vistas de asistencia expansiva y bondadosa. «Espíritu de las Sales, ayúdanos a acordarnos de nosotros mismos, y a regresar a nuestro estado natural de Gracia. Espíritu que absorbe y purifica, limpia todas las fuerzas y experiencias negadoras que han provocado sufrimiento, que nos han hecho estar doloridos, y elimínalas de nosotros. Espíritu de las Sales, Espíritu de la Santidad y Espíritu de la Conservación, ayudadnos mientras perseveramos y revitalizadnos para nuestros viajes».

Cítricos: Puede usarse cualquier cítrico de la receta del Agua Florida, y me gusta buscar los que están de temporada en mi región.

Romero (*Salvia rosmarinus*): El romero, que es originario del Mediterráneo y del sudoeste de Asia, es conocido medicinalmente por ayudar a la circulación, potenciar la memoria, ser analgésico y fortalecer el sistema inmunitario. Se sabe que, espiritualmente, este ayudante asiste en la paz, la claridad, el conocimiento y la purificación. «Espíritu del Romero, permanece a mi lado hoy en este trabajo. Espíritu de la paz, la claridad y la tranquilidad, apóyame mientras echo raíces en estas energías. Orienta mis pensamientos, mis emociones y a mi corazón mientras me libero de todas las cosas que me están preocupando. Espíritu del Romero, sé mi guardián y protector».

Hierbabuena/menta: *Véase* el cap. 2.

Tomillo (*Thymus vulgaris*): El tomillo, que es originario de la región mediterránea, es una hierba que se ha usado desde la antigüedad. Es un antiviral y antibiótico natural que forma parte de varias recetas medicinales para tratar la bronquitis, la tos convulsa, la irritación de garganta, los cólicos, la artritis, el estómago revuelto, el dolor de estómago (gastritis) y la diarrea. Desde el plano espiritual, se invoca al tomillo para recuperar la salud, especialmente tras ataques psíquicos; ayuda a desarrollar y mejorar la intuición y la receptividad paranormal y atrae a la prosperidad y el dinero. En las tradiciones del sur de Estados Unidos, el tomillo tiene el beneficio añadido de proporcionarnos más «tiempo» en términos de los hechizos. «Tomillo, da un paso al frente y ayúdanos en este trabajo. Espíritu que combate a los parásitos y los patógenos, ayúdanos a luchar contra todos los vampiros de energía y psíquicos y los parásitos en nuestra vida. Ayúdanos a identificar de inmediato quiénes son estas personas y fuerzas, elimínalos de nuestra vida y asístenos mientras recuperamos plenamente nuestro poder».

Camomila (*Matricaria recutita*): La manzanilla o camomila es otra flor ayudante muy conocida. Es originaria de Europa, África y Asia, y ahora es una especie botánica popular en América. Eficaz en los problemas digestivos, la camomila también es invocada por sus cualidades tranquilizadoras, calmantes y sedantes, además de por los aspectos relacionados con la belleza al añadirla a recetas para la piel y el cabello. Espiritualmente, la camomila suaviza los caminos y las sendas atravesando los obstáculos y las energías estancadas. «Espíritu de la Camomila, esencia de la dulzura, la belleza y la tranquilidad, ayúdame mientras invito a bendiciones dulces a mi vida. Ayúdame a eliminar todas las energías amargas, ásperas y que me caldean y convoca a la tranquilidad y la gracia tanto hacia mi interior como a lo largo de mi mundo. Camina a mi lado en la vida, Camomila, y sé mi aliada».

Baño y ritual tradicional de 13 hierbas de la encrucijada

Éste es un *despojo*, o un baño que elimina los problemas, las energías, las entidades y la negatividad de larga duración.

Agua del océano	agrimonia
agua de manantial	eucalipto
hisopo	pino (*véase más abajo*)
ruda (cap. 2)	romero (*véase más arriba*)
ortiga	enebro
flor de trébol blanco	hinojo (cap. 2)
limón (cap. 2)	albahaca (cap. 2)
hierbabuena/menta (cap. 2)	

Agua del océano: Representa los principios generadores de vida del océano y los recursos que proporciona al mundo, en concreto ser alimentado por el océano: la enormidad, la abundancia y la energía que forma parte de la naturaleza.

Agua de manantial o de río: Representa el movimiento, el seguir la corriente, el desbloquear y descruzar, la atracción, el placer, la alegría y la dulzura.

Hisopo (*Hyssopus officinalis*): Ésta es otra especie botánica de la familia de la menta, lo que la hace similar a sus parientes en términos de energía. Su zona de origen se extiende desde Oriente Medio hasta el norte de África y las regiones del sur del Mediterráneo. Medicinalmente, el hisopo se considera un estimulante, carminativo (hierba que ayuda a expulsar gases) y expectorante que se emplea para tratar resfriados, la tos, la congestión y los problemas pulmonares. Se ha visto que el hisopo posee cualidades calmantes y relajantes que pueden ayudar con los desequilibrios del sistema nervioso y los dolores dentales. Espiritualmente, el hisopo está relacionado con los ritos de purificación y nos ayuda a desprendernos de todas las capas de negatividad y de las acciones negativas y a recuperar nuestra plenitud y pureza (hemos retirado todo lo que no nos pertenece). «Espíritu del Hisopo, estate presente en nuestro trabajo y ayúdanos a desprendernos de toda la negatividad, las autorreflexiones y las acciones negativas que hemos cometido, y asístenos para asumir la plena responsabilidad por nuestras conductas. Álzanos y elévanos, y al hacerlo, ayúdanos a eliminar todo lo que no vaya en nuestro mayor beneficio y en favor de nuestras bendiciones. Espíritu del Hisopo, sé nuestro guía y defiéndenos continuamente».

Agrimonia (*Agrimonia eupatoria* o *gryposepala*): Se conocen quince especies de agrimonia en todo el mundo, y sus hábitats naturales van desde África hasta el hemisferio norte. La agrimonia común europea es a la que se hace referencia con mayor frecuencia en este tipo de trabajos, pero a mí me encanta la variedad centroamericana y norteamericana, porque tiene un poco más de potencia. Medicinalmente, la agrimonia era a veces utilizada para obtener una infusión y se empleaba para hacer gárgaras en caso de tener la garganta irritada, mientras que se usaba externamente como antiséptico suave y astringente. La agrimonia, que está metafísicamente relacionada con la reversión de toda negatividad y de su devolución a su remitente, es un poderoso guardián, protector y defensor de nuestro bienestar. «Espíritu de la Agrimonia, te invocamos hoy para que nos ayudes a limpiar y revertir toda negatividad y las fuerzas negativas en nuestra vida. Gran guardián y protector, estate con nosotros mientras confirmamos nuestros límites y robustecemos nuestra fortaleza».

Eucalipto: El eucalipto, que es originario de Australia y Tasmania, cuenta con una amplia variedad de especies en su género. Medicinalmente se usa para hacer vahos descongestionantes y se ha empleado para tratar dolencias como una garganta irritada, la sinusitis y la bronquitis. En la metafísica, esta especie botánica tiene unas propiedades asociativas similares en el sentido en que nos ayuda a «expectorar» cualquier negatividad arraigada que pudiera estar limitando nuestra capacidad para respirar espiritualmente. «Espíritu del Eucalipto, asístenos en la expulsión de todas las energías de bajo nivel y toda la negatividad, y ayúdanos a reclamar bendiciones, alegría y salud en nuestra vida. Espíritu que expectora cualquier veneno, patógeno y parásito oculto o secreto, elimina de inmediato a estas entidades de nosotros y de nuestra vida».

Pino: Hay varias especies en el género *Pinus* y en la familia Pinaceae. Los pinos son originarios de la mayoría del hemisferio norte y de algunas regiones tropicales del hemisferio sur. Medicinalmente, el pino ayuda al aparato respiratorio, reduciendo las respuestas inflamatorias en los pulmones; mejora la presión sanguínea y la salud cardiovascular; y está involucrado en el tratamiento de los resfriados, la gripe y las infecciones. Espiritualmente, está relacionado con la paz, la ascensión espiritual, la longevidad y el poder eterno de nuestro Espíritu, la protección, el amparo y el sustento de nuestra vida. «Espíritu del Pino, ayúdanos hoy a fortalecer el corazón, la mente y el Espíritu con tu medicina. Espíritu de la paz y la protección, respalda nuestra elevación y camina a nuestro lado durante toda la vida».

Ruda: *Véase* el cap. 2.

Ortiga (*Urtica dioica*): La ortiga, que es originaria de la zona occidental del norte de África y de Eurasia, se ha extendido por todo el mundo. Se usa para tratar el dolor articular y muscular, la artritis, la gota, la anemia, las infecciones del tracto urinario y el eccema, y también es muy nutritiva y tiene componentes antioxidantes. Ritualmente, la ortiga se relaciona con la resolución de trastornos de larga duración, la eliminación de maleficios, la exorcización de espíritus no deseados y no invitados, la sanación, la protección y, en ciertas fórmulas, la inducción de la lujuria. «Espíritu de la Ortiga, con tus pelos urticantes, protégenos de todas las fuerzas y entidades que desean causarnos el mal. Espíritu de la Purificación, el más grande luchador que soluciona todos los trastornos, las fuerzas y las intenciones negativos, ayúdanos a eliminar todas las maldiciones y maleficios, y a exorcizar a todos los espíritus, fuerzas y entidades no invitados y no deseados. Permanece con nosotros en nuestro trabajo, Guardián Sagrado Ortiga».

Flor de trébol blanco (*Trifolium repens*): El trébol blanco, originario de Asia central y Europa, es conocido medicinalmente por su utilización para tratar la fiebre, la tos y los resfriados. En el plano espiritual, el trébol está relacionado con la resolución del estancamiento y de la mala suerte que dura desde hace mucho tiempo, pues destruye las maldiciones, expulsa el mal y atrae la buena suerte. «Espíritu del Trébol Blanco, ayúdanos a eliminar las interferencias externas, resolviendo el estancamiento y descruzándonos de los maleficios, las maldiciones y la mala suerte. Ayúdanos a identificar todos estos problemas, tanto dentro como fuera, y elimínalos de nuestra vida, nuestro hogar y nuestros caminos. Espíritu de la Flor del Trébol Blanco, estate presente en nuestra vida y con nosotros».

Limón: *Véase* el cap. 2.

Hierbabuena/menta: *Véase* el cap. 2.

Romero: *Véase* más arriba.

Enebro: Se trata de un género (*Juniperus*) de árboles de la familia de los cipreses (*Cupressaceae*), y se encuentra por todo el mundo, desde el Ártico hasta Centroamérica, desde regiones subtropicales de África hasta el Tíbet. Está relacionado con la regulación de los niveles de azúcar en el organismo y con los problemas pulmonares y los casos de asma, es diurético y antiséptico y tiene propiedades antiartríticas. El enebro es otra especie botánica con una relevancia, historia y propiedades interculturales. Metafísicamente, el enebro está relacionado con la limpieza, las bendiciones, la protección y la creación de experiencias visionarias y está implicado en variedad de formas y métodos. «Espíritu del Enebro, solicito tu ayuda para crear unas fronteras fuertes entre yo y los Mundos de los Espíritus. Asísteme para comunicarme eficazmente, y protégeme contra cualquier fuerza que intente poseerme o debilitarme de alguna manera. Respáldame mientras aprendo a dominar mis dones y empodérame con la fuerza y la fortaleza necesarias para completar el trabajo. Enebro, estate a mi lado».

Hinojo: Véase el cap. 2.

Albahaca: *Véase* el cap. 2.

Baño o lavado para el amor y la buena fortuna

Esta receta es un excelente ejemplo de un baño mejorante que atrae influencias positivas, situaciones afortunadas y actitudes y disposiciones cariñosas.

albahaca (cap. 2)	higuereta
hierbabuena/menta (cap. 2)	jagüey
frescura	girasoles
berros	alcohol de bebida Everclear
canistel	Agua Florida (cap. 2)
amor seco	frasco para conservas de 1 litro
hoja de mango	

Albahaca: *Véase* el cap. 2.

Hierbabuena/menta: *Véase* el cap. 2.

Frescura (*Pilea microphylla*): La frescura, que es originaria de Sudamérica, Centroamérica, Florida, México y el Caribe, se usa medicinalmente como diurético que trata las dolencias del aparato urinario. También equilibra la insulina y es un suplemento que proporciona apoyo al páncreas. En el plano espiritual, expulsa la negatividad, concretamente a través del aliento, y despeja la mente mientras atrae la buena fortuna y el amor a nuestra vida y a nuestro hogar. «Frescura, expulsa toda la negatividad y las influencias negativas de mi vida y ayúdame a retornar a un estado de equilibrio. Espíritu de las bendiciones y la buena fortuna, ayúdame a atraer al amor y la amabilidad en todos mis tratos e interacciones, y estate presente en mi interior y en mi vida».

Berro (*Nasturtium officinale*): El berro, que es originario de Asia y Europa, es una verdura acuática de hoja que medicinalmente está relacionada con el tratamiento de las vías respiratorias en los pulmones, la tos, la bronquitis, los resfriados y la gripe. Como medicamento espiritual, atrae a los Espíritus del Río y ayuda a que estas energías fluyan en nuestra vida. «Espíritu del Berro, cuyas energías irrumpen en el estancamiento en todas sus formas, devuélveme mis ritmos y mi flujo naturales y devuelve la riqueza y la prosperidad a mi vida».

Canistel (*Pouteria campechiana*): El canistel, que es originario del sur de México, Belice, Guatemala y El Salvador, se emplea medicinalmente para tratar trastornos como las erupciones y abrasiones cutáneas, los trastornos hepáticos y la epilepsia. Como aliado espiritual atrae la victoria y el éxito a pesar de cualquier obstáculo (y es una hierba genial para los procesos judiciales). «Canistel, esencia que garantiza el éxito y la victoria, ayúdame mientras reclamo triunfantemente mis bendiciones de formas sencillas y ecológicas».

Amor seco (*Meibomia barbata*): El amor seco, originario de Puerto Rico y el Caribe, posee propiedades medicinales que se han usado para tratar el asma y los trastornos pulmonares, el estreñimiento, los cólicos, las infecciones de sangre y los dolores corporales generales. Esta especie botánica atrae las energías románticas y asegura que las relaciones tengan una conexión profunda. Tiene un efecto glamuroso y puede incrementar la química sexual. «Espíritu del Amor Seco, te invoco para que estés presente en este trabajo. Esencia del glamur y del embrujo, ayúdame a acentuar mi propia belleza e irradiarla al mundo. Espíritu que despierta e intensifica la química romántica, estate conmigo en mis relaciones a incrementa el deseo sexual de todos los que me vean».

Hoja de mango (*Mangifera indica*): Los mangos, originarios de India, se han extendido por la mayoría de las regiones tropicales y subtropicales del mundo. Medicinalmente, se sabe que las hojas del mango tienen propiedades antiparasitarias, además de tratar los cálculos renales y las piedras de la vesícula, reducir la presión sanguínea y mejorar la producción y la absorción de la insulina en el organismo. Espiritualmente, el mango está relacionado con la dulzura, la alegría, el amor, el compromiso, la prosperidad y la abundancia. «Espíritu del

Mango, ayúdame a mejorar y endulzar mi vida y a absorber mis bendiciones. Estate conmigo, Mango».

Higuereta, semilla de ricino (*Ricinus communis*): La semilla de ricino, que es originaria del África oriental tropical, alrededor de Etiopía, se ha usado como laxante para tratar el estreñimiento, como forma de anticoncepción y como tratamiento de la lepra y la sífilis. Metafísicamente, hace brotar las fortunas, genera fama mediante el boca a boca y es una hierba que bendice extremadamente. «Higuereta, Ser de fortuna y fama, abre los caminos para que el éxito, la abundancia y las bendiciones lleguen a mi vida. Espíritu de las maravillas que atrae la atención positiva y la reputación desde todos los rincones de la Tierra, permite que mi nombre y mis logros se extiendan como el fuego por toda la comunidad».

Jagüey (*Ficus trigonata*): El jagüey, originario de Sudamérica, Centroamérica, Norteamérica y el Caribe, tiene propiedades emolientes, humectantes y laxantes y se ha usado en cataplasmas para aliviar las inflamaciones cutáneas. Como aliado espiritual, atrae la buena fortuna y aleja a los espíritus malvados y la negatividad. También se emplea para los problemas legales difíciles debido a sus personalidades dominante y controladora (vence a cualquier precio). «Jagüey, Espíritu de la dominación y el control, ayúdame en mis momentos de necesidad. Aleja a todas las fuerzas negadoras y ayúdame mientras reclamo las bendiciones que son legítimamente mías».

Flores de girasol (*Helianthus annuus*): Los girasoles atraen la luz y la elevación del Sol en nuestra vida: en concreto, que los Ancianos invisibles del día acudan a bendecir. «Espíritu de los Girasoles, esencia de la luz, la gracia y la expansión, llena mi vida con la luz del Cosmos y ayúdame a expandirme en forma de una versión mayor de mí mismo. Honra mi vida con alegría y dulzura y orienta a la felicidad y la satisfacción hacia mi puerta».

Agua de Curandera para la reparación y la paz

Esta fórmula puede usarse como un lavado para la coronilla, la parte posterior del cuello y los pulsos cuando te sientas agobiado por la ansiedad o cuando el temperamento esté encendido, y además puedes guardarla en botellas y colocarlas en cada habitación de tu hogar para generar energías tranquilas y calmantes.

añil o aciano	hierba mansa
Agua Florida (cap. 2)	hierbabuena/menta (cap. 2)
alcohol de bebida Everclear	cardo bendito
agua de manantial (cap. 4)	albahaca (cap. 2)
Aceite para un Hogar Tranquilo (cap. 5)	rosa (cap. 2)
	caléndula (cap. 2)
cáscara sagrada	
yerba santa (cap. 2)	

Añil o aciano: Similar a una bomba de baño, el añil o aciano es un ingrediente usado en la Brujería para repeler el mal de ojo, calmar el sistema nervioso desde el punto de vista de la energía, atraer bendiciones y a Espíritus bendecidos, y atraer la suerte y la buena fortuna. Se cree que tiene propiedades tanto curativas como victoriosas. «Espíritu del Añil, te invocamos para que seas un aliado mientras atraemos la paz, la tranquilidad y la restauración a nuestra vida. Espíritu que nos protege contra toda fuerza, persona y energía que caldea y es tóxica y cáustica, envuélvenos en la sustancia de la vida y ayúdanos a estar en paz internamente y hacer que eso se refleje en nuestros hogares y espacios. Estate conmigo, Espíritu del Añil».

Agua Florida: *Véase* el cap. 2.

Alcohol de bebida Everclear: El Everclear, que es un alcohol de cereal del 50 %, ayuda a extraer los constituyentes botánicos, al mismo tiempo que mata a cualquier espora de hongos o bacterias que pudiera estar presentes en las hierbas.

Agua de manantial: *Véase* el cap. 4

Aceite para un Hogar Tranquilo: *Véase* el cap. 5.

Cáscara sagrada (*Frangula purshiana*): La cáscara sagrada, originaria del oeste de Norteamérica y de la Columbia Británica (Canadá), actúa como purgante y limpieza para el colon y desata e incrementa la evacuación. En el trabajo para la paz se usa para calmar tensiones y aportar perspectiva, y en los asuntos legales sus propiedades aseguran que la ley trabaje en nuestro causa con facilidad y gracia. «Cáscara Sagrada, te invocamos para que nos ayudes a ver todas las perspectivas, y nos basamos en el conocimiento de que los desencadenantes y nuestras propias alteraciones emocionales pueden provocar que veamos las cosas desequilibradas. Te pedimos tu asistencia para aliviar todas las tensiones y para que nos ayudes a ver con claridad y con compasión los asuntos que están a la vuelta de la esquina. Espíritu de la Cáscara Sagrada, estate en nuestros corazones, hogares y Espíritus».

Yerba santa: *Véase* el cap. 5.

Hierba mansa (*Anemopsis californica*): La hierba mansa, que es originaria de Centroamérica y Norteamérica, está atrayendo la atención, medicinalmente hablando, debido a sus potentes propiedades antimicrobianas, que se ha visto que tratan las infecciones resistentes a los antibióticos, como la provocada por el MRSA (*Staphylococcus aureus* resistente a la meticilina) o por los estreptococos y estafilococos (agentes patógenos). En las recetas para los problemas respiratorios actúa como expectorante, ayudando a eliminar las flemas y los mocos. En el plano espiritual, la hierba mansa es altamente protectora e invita a las energías y las experiencias amables y sustentadoras a nuestra vida. «Espíritu de la Hierba Mansa, ayúdame a respirar completa y libremente, cualquiera que sea la situación o el entorno. Asísteme para expulsar la energía, fuerza y experiencia estancada o insana que se haya instalado en mi vida. Hierba Mansa, estate conmigo y enséñame a caminar cuidadosamente en el mundo y a ser tratado con cuidado, preocupación y amor».

Hierbabuena/menta: *Véase* el cap. 2.

Cardo bendito (*Cnicus benedictus*): El cardo bendito, que es originario del este de Irán y de Turquía, y cuyo hábitat se extiende por el Mediterráneo, se ha empleado para problemas del apetito y la indigestión y para tratar resfriados, la tos, el cáncer, la fiebre, las infecciones bacterianas y la diarrea. El cardo bendito también se ha usado como diurético para incrementar la producción de orina y para promover el flujo de la leche materna en las madres primerizas. Espiritualmente, está relacionado con las bendiciones y la santidad, y en las tradiciones de la Brujería se dice que protege contra la negatividad y las maldiciones y maleficios intencionados, y que aporta ayuda y asistencia espiritual allá donde se trabaje con él o se le lleve. El cardo bendito también proporciona una ayuda protectora muy potente. Algunos practicantes muelen esta especie botánica hasta reducirla a polvo y la espolvorean alrededor de sus propiedades a modo de defensa y como hechizo protector contra los intrusos y el mal. «Cardo Bendito, ayúdanos a traer bendiciones, paz, restauración y calma a nuestro cuerpo, vida, espacios y hogares, y ayúdanos a identificar cualquier lugar y situación en el que no estemos llevando esas energías. Espíritu de la Paz, la Compasión y la Gracia, asístenos de todas las maneras, protégenos del mal y estate con nosotros mientras nos esforzamos por tener unas interacciones y tratos tranquilos y pacíficos. Estate con nosotros, Cardo Bendito, en este día y cada día a partir de ahora».

Albahaca: *Véase* el cap. 2.

Rosa: *Véase* el cap. 2.

Caléndula: *Véase* el cap. 2.

CAPÍTULO 5

PERFUMES ESPIRITUALES

El arte de los perfumes espirituales

La creación de fragancias como arte mágico es uno de los recursos más potentes de la caja de herramientas de la Brujería. Desde rememorar recuerdos olvidados hasta estimular y revigorizar nuestro cuerpo, y la atracción magnética de las feromonas de un amante, el olor puede saltarse nuestra conciencia consciente y hablarles a nuestras partes más profundas. Como disciplina mágico-espiritual, la fragancia desempeña un papel central en todas las fórmulas y recetas, pero a veces el foco puede estar centrado sólo en las cualidades medicinales o terapéuticas, dando como resultado unos aromas desagradables. No sé cuántas veces he abierto un aceite mágico para tratar trastornos (perfumes mágicos creados para tratar distintos problemas en nuestra vida, como el amor o la riqueza) sólo para verme abordado por el olor. Aunque hay ciertas categorías de creación de fragancias mágicas que se supone que deben ser poco atractivas, otras mezclas, como un aceite para el amor, nunca deberían hacernos salir huyendo.

Medios

Empecemos con los aspectos básicos. ¿Qué quieres usar para que transmita tus magias y por qué? Escoger el medio o portador tiene que ver con distintas cosas:

Longevidad: Esto hace referencia al tiempo que le lleva a una receta volverse rancia y a la tenacidad o potencia de la duración del aroma. En conjunto, los portadores a base de aceite se enrancian más rápidamente, requieren de más especies botánicas (extractos naturales) y aceites esenciales para crear el perfil y son más caros de elaborar. Antes de la Ley Seca en Estados Unidos, la mayoría de los perfumes espirituales y de uso cotidiano se producían a base de alcohol, y los aceites se usaban más a nivel individual, empleándose generalmente aceites minerales o de oliva, dependiendo de lo que fuera más fácil de conseguir. Una vez que se abolió la Ley Seca, los perfumistas comerciales se vieron forzados a encontrar nuevos medios con los que seguir trabajando. Al final, las casas de perfumes pudieron retomar el alcohol, pero la gran mayoría de los perfumistas espirituales han seguido usando aceite hasta la actualidad.

Despliegue: A veces sacrificamos la potencia de la duración del aroma general por las cualidades táctiles de los aceites y los sólidos. Uno de los trucos del oficio entre los perfumistas espirituales se centra en los principios de la transmisión y la absorción. A veces, queremos que la gente toque físicamente o absorba nuestras mezclas, y debido al elevado ritmo de evaporación del alcohol después de rociarlo, los aceites tienen un mayor poder táctil de persistencia.

Difusión por todo el entorno: Los sólidos, como los aceites y los alcoholes, pueden usarse no sólo sobre el cuerpo, sino también como forma de aromatizar habitaciones enteras.

Después de estas consideraciones, pasemos a hablar sobre los propios medios y por qué podría escoger uno antes que otro.

Alcoholes: Confía en mí a este respecto y no pierdas tiempo ni dinero con vodka o ron si trabajas con alcohol. Recomiendo encarecidamente el alcohol de cereal, uva o caña azucarera con una concentración del 50 % o superior. Al principio empecé usando el alcohol de bebida de la marca Everclear y los alcoholes para friegas del 50 % que se pueden encontrar en las droguerías y las farmacias. Mantente alejado del alcohol de perfumista debido a diversas razones, una de las principales es el aditivo (Bitrex) que contiene, que posee un aroma acre/quemado y que arruina el perfil.

Aceite: La gran mayoría de los aceites espirituales que hay en el mercado son a base de colza, jojoba o aceites de coco fraccionados. Más adelante ofrezco una receta para ungir a base de aceite de oliva, aunque no conservará su frescura durante más de un mes. El aceite de colza es el más económico de los tres listados anteriormente, pero puede quedarse sobre la piel en lugar de absorberse por completo (dejando un residuo aceitoso) y es el aceite que se enrancia más rápidamente. El aceite de coco fraccionado puede durar un par de años dependiendo del fijador que se use (los fijadores ayudan al poder de persistencia del perfil), pero puede resultar caro para la producción de fragancias a granel. Por último, la jojoba es un gran portador, ya que la piel la absorbe por completo, pero su coste es prohibitivo para la producción de lotes medianos o grandes.[5]

Sólidos: Los sólidos de perfume son fragancias basadas en la cera, y producirlos es un proceso que requiere de mucho tiempo y de prestar mucha atención a los detalles. También son los que tienen un peor rendimiento en relación con el esfuerzo que lleva producirlos, además de los mayores costes de los materiales y los ingredientes.

CLASIFICACIÓN DE LOS AROMAS, PERFILES Y TRASTORNOS ESPIRITUALES

Si estás interesado en la perfumería, deberás conocer las diferencias entre los perfumes, las *eau de toilette*, las colonias y las aguas/*splashes*/*aftershaves* (lociones para después del afeitado). Estas distinciones se ba-

---

5. Nótese que hay algunos fabricantes con pocos escrúpulos que se sabe que trabajan con aceites que contienen contaminantes y que pueden provocar malformaciones congénitas. El que algo sea «espiritual» no significa que haya sido, en realidad, producido por personas espirituales o que contenga productos naturales.

san en los porcentajes de esencias botánicas (ingredientes aromáticos) en los portadores o medios. Por el bien de nuestras prácticas trabajaremos con concentraciones de agua de perfume.

Aftershave: 1-3 %
Colonia y agua espiritual: 2-6 %
Eau de toilette: 4-8 %
Eau de parfum: 8-15 %
Verdadero perfume o extracto (extracto aromático): 15-30 %

Ahora que comprendemos qué diferencia a una colonia de un perfume, una *eau de toilette* o un extracto (porcentaje de ingredientes aromáticos frente al portador), pasemos a las familias de aromas.

- **Floral:** Esta familia de aromas es bastante reconocible. Su naturaleza recuerda predominantemente a las flores y son dulces: la rosa, el jazmín y el ylang-ylang son estrellas bien conocidas de esta categoría, y se encuentran en muchas fórmulas para el amor, la atracción y las bendiciones.
- **Cítrico:** Las recetas de Brujería en las que destacan los cítricos ayudantes como el limón, la naranja, la bergamota, la mandarina y el yuzu, se centran en despejar las vías, elevar las vibraciones, abrir puertas y allanar el camino.
- **Neoriental (anteriormente oriental):** No me hagas empezar a hablar sobre la perfumería y la historia de sus nomenclaturas (quién da nombre a qué y su autoridad para hacerlo). Los perfiles neorientales tienen unos tonos seductores, amielados, cálidos y resinosos y frecuentemente se asocian con la influencia, el control, el dominio, la autoridad y el prestigio.
- *Fougère*: Los *fougères* tienen un olor verde y como de fondo de la tierra del bosque (la palabra *fougère* significa «helecho» en francés), que está relacionado con el dinero, la pasión, la lujuria, el asentamiento, la protección y la reivindicación de límites.
- *Chypre*: Los tonos *chypre* son similares a los tonos verdes *fougère*, pero tienen algo de especia o dulzor.

- **Gourmand:** Las *gourmand* son fragancias con aromas de alimentos o *afrutados* que contienen aspectos de bayas, vainilla o chocolate.
- **Acuoso o marino:** Se trata de aromas de agua u oceánicos generalmente presentes en fórmulas para la paz, la reconciliación y los viajes astrales.
- **Soliflor:** Los soliflor son esencias, *bouquets* o acordes de una sola nota que se supone que imitan a una única esencia botánica. A veces, debido a la composición bioquímica de una planta, el aroma es difícil de extraer. Como ejemplos tenemos las violetas, las gardenias y algunas rosas.

Aunque hay algunas correlaciones obvias entre las familias de aromas y sus asociaciones metafísicas (floral y trabajo para el amor, cítrico y apertura de caminos), te animo a que explores algunos de los estados espirituales más conocidos y cómo podrían reproducirse usando cada una de las familias de aromas.

Tipos de estados espirituales

- Belleza, encanto, elegancia, hechizo
- Bendiciones: a uno mismo, a la propiedad o a otros
- Paz, tranquilidad, reconciliación
- Cortar, despejar, limpiar y liberar
- Influenciar, controlar, dominar
- Justicia, temas legales, asuntos gubernamentales
- Empleo, dinero, apuestas
- Amor, fidelidad, sexo
- Repeler y alejar
- Protección, asentamiento de límites, vigilancia, seguridad
- Dominio, fortalecimiento, liderazgo
- Amistad y desarrollo de una comunidad
- Chismorreos y mal de ojo
- Sanación y elevación
- Casa, hogar y familia
- Desarrollo psíquico y despertares espirituales
- Apertura de caminos y eliminación de bloqueos

- Éxito y claridad
- Asentamiento de intenciones y visión

AROMATERAPIA

Además de las asociaciones espirituales y de aromas en los perfumes, ciertos extractos naturales contienen compuestos medicinales que pueden mejorar nuestra salud física. Las terapias con aceites esenciales, que se cree que estimulan al sistema límbico y al nervioso o que transmiten compuestos mejoradores de la vitalidad al absorberse por la piel, tienen varias utilidades aparte de sus asociaciones olfativas. Los extractos naturales como el romero, el alcanfor y la hierba de limón pueden ser punzantes y abrumadores fuera del contexto de la aromaterapia, pero desempeñan papeles esenciales en las fórmulas que oscilan desde el apoyo a la elasticidad de la piel hasta actuar como repelentes de mosquitos.

ASPECTOS BÁSICOS DE LA FORMULACIÓN

Asentamiento del objetivo y la intención: ¿Cuál es el objetivo que te gustaría alcanzar? ¿Cómo te hace sentir en cada uno de los sentidos? ¿Qué forma podemos emplear para conseguir ese objetivo? Con frecuencia, la gente no sabe realmente lo que quiere, pero sí desea que sus circunstancias cambien con respecto a un estado concreto. Decir que tu objetivo es «el amor» no es lo suficientemente específico, porque hay muchos tipos de amor. Cuanto más explícito puedas ser con las cualidades de tu lenguaje del amor y con cómo quieres invitar realmente al amor a entrar en tu mundo afecta a las fórmulas y los ingredientes usados.

Creando la fórmula: Teniendo tus intenciones y tus cualidades en mente, ahora estás listo para crear una receta personalizada adaptada a tus circunstancias concretas. Identifica entre tres y cinco ingredientes que le hablen a las principales preocupaciones o trastornos que tengas, además de clasificaciones de familias de fragancias. Ten presente que no se trata de echarle de todo y más a una fórmula, sino de armonizar los acordes energéticos de los aliados y ayudantes botánicos. Como parte de tu trabajo de formulación, piensa en las cantidades de cada ingrediente y asegúrate de que estés mostrando todos los elementos frente a hacer que compitan entre sí.

Al igual que con toda la Brujería, asegúrate de tomar abundantes notas sobre los ingredientes usados. ¿Quién fue el proveedor al que le hiciste el pedido? ¿Cuán frescos estaban los ingredientes botánicos? ¿Hubo condiciones climáticas (inundaciones, sequías, etc.) que podrían haber afectado a sus cualidades? ¿En qué forma los compraste (raíz, hoja, polvo, la planta entera, etc.)? En cuanto a tus objetivos, la mayoría de las cosas con las que trabajarás serán materiales vegetales y raíces secos, cortados y tamizados. Es importante usar materiales secos, ya que los ingredientes botánicos frescos harán que las tinturas y los perfumes con una base de aceite se enrancien rápidamente y que el contenido en agua de las plantas vivas haga que el alcohol se enturbie y no se pueda usar.

Creando la tintura de Bruja: Ahora que te has decidido por una receta y has tomado notas, ha llegado el momento de crear la tintura de Bruja(e), que es la base de energía y de aroma sobre la que se desarrollará la fragancia. Sigue el mismo proceso que ya hemos determinado para crear un espacio sagrado y encantar los materiales. Estarás, literalmente, hechizando al perfume con tus intenciones y oraciones mientras combinas los ingredientes.

Envejecimiento: Para los portadores o medios a base de aceite o de alcohol, envejezco estas tinturas durante todo un ciclo lunar o más para extraer tantas de las cualidades medicinales, de energía y de aroma como sea posible teniendo en cuenta la longevidad de los portadores que se estén usando. Un truco para fijar (o ralentizar los procesos de envejecimiento de los aromas, que pueden contribuir a que se debiliten con el tiempo) consiste en añadir una o dos gotas de vitamina E o glicerina a la fórmula a modo de estabilizadores. Una vez que estas tinturas hayan envejecido lo suficiente y se hayan extraído tantos compuestos del material como sea posible, fíltralas y la base estará lista para la fragancia.

Creación del perfume: Empieza con pequeños lotes experimentales (10-20 ml) para probar el perfil. Puedes crear varias interpretaciones para ver qué te gusta y qué no. Frecuentemente, la gente quiere crear la fragancia «perfecta» desde el principio, y éste es un proceso que consiste en la evolución e innovación constante para satisfacer las condiciones a las que nos enfrentemos en un preciso momento. Puede que una fórmula fuese óptima para las necesidades de una comunidad hace cincuenta años, pero ¿habla de nuestros deseos actuales? El simple hecho de que sea antigua no la convierte automáticamente en mejor, y deberías recordar que estas recetas se basaban en aquello de lo que se disponía de inmediato y que representaban el mejor pensamiento de nuestros antepasados en esa época.

Como parte del proceso de creación del aroma, aquí tenemos un par de directrices a tener presentes sobre cómo los perfumistas desarrollan sus perfiles:

- **Notas de base o de fondo:** Estas esencias no suelen ser los ingredientes más llamativos, pero sí los que tienen una mayor permanencia. Proporcionan la base o la estructura de la receta. En términos de las cantidades de los ingredientes usados, la relación es de 3:2:1, siendo estas notas de base las que están presentes en una mayor cantidad. Perfiles: incienso del árbol *Boswellia sacra*, ámbar, vetiver, musgo de roble y sándalo.
- **Notas de corazón o de cuerpo:** Estos extractos naturales son la sustancia (la pulpa) del aroma y le proporcionan todo su cuerpo y tono. Las notas de corazón suelen ser más caras (el absoluto de rosa puede oscilar entre los 2 y los 100 dólares por gramo dependiendo de la calidad y la cosecha), y la inclinación natural de algunos practicantes que empiezan es reducir enormemente su uso. Ésta no es una buena estrategia, ya que el aroma pasa directamente de las notas de cabeza a las de base al cabo de cinco minutos, y esto puede hacer parecer que el perfumista ha diluido demasiado su fórmula. Perfiles: florales como la rosa, el ylang-ylang y el jazmín; resinas y especias como el benjuí, la canela y la nuez moscada; y hierbas como la hierba de limón y la verbena.

- **Notas de cabeza o de salida:** Las notas de cabeza son la personalidad o el tono inmediato del perfume. Estas notas son las primeras cosas que olemos cuando una fragancia se abre o se rocía, y son las que tienen el tiempo de evaporación más rápido. Lo que convierte a una nota de base en una nota de base en contraposición con una nota de cabeza es el tiempo de evaporación. Perfiles: cítricos, algunas especias, mentas, herbales ligeros como las salvias y el estragón.

Tipos de destilaciones de especies botánicas (perfumería natural)

Al avanzar desde las clasificaciones de los perfumes, las familias de aromas, las condiciones espirituales y las creaciones de recetas, es importante comprender los tipos de métodos de extracción usados que distinguen un aceite esencial de un absoluto o un destilado. Estas diferencias pueden afectar a si una esencia de una especie botánica se puede considerar una nota de cabeza, de corazón o de fondo, además del olor general de ese ingrediente. En mi consulta dispongo de varias especies botánicas que están representadas en forma de aceites esenciales, absolutos y destilaciones mediante CO_2, ya que cada uno de ellos posee una cualidad distinta de la planta que estoy intentando expresar en la fórmula.

- **Aceites esenciales:** Las especies botánicas son calentadas en agua, se produce vapor y los aceites resultantes se separan y recogen. Es necesaria una gran cantidad de materia vegetal para extraer el aceite, y eso da lugar a la escasez de este producto. Hacen falta unos veintidós kilos de pétalos de rosa para destilar unos treinta gramos de aceite esencial.
- **Absolutos:** Los absolutos son la forma más concentrada de extracción de aromas. Para producir un absoluto, se lava el material vegetal en un solvente, lo que extrae los aceites y genera un concreto (masa cerosa). El concreto se disuelve en alcohol etílico, y luego se retira el alcohol, quedando el aceite de la especie botánica. Esta for-

ma de extracción es la más aromáticamente similar a los materiales vegetales vivos que se encuentran en la naturaleza.

- **Extracción mediante CO$_2$:** De forma similar a los absolutos, las extracciones mediante CO$_2$ emplean dióxido de carbono (CO$_2$) presurizado a bajas temperaturas como el solvente. Usando este método, el CO$_2$ se evapora en forma de gas, de modo que no queda ningún residuo de solvente en los aceites.

- **Destilados fraccionados:** Cada ingrediente que se encuentra en la naturaleza tiene cientos de compuestos químicos que constituyen el perfil de su fragancia. Tomemos la vainilla como ejemplo. El compuesto que hace que la vainilla huela a vainilla es una sustancia química llamada vainillina, y se encuentra en el heno recién segado, además de en el estiércol. Estas moléculas de vainillina se aíslan, se retiran y se combinan desde variedad de fuentes para obtener una esencia concentrada de vainillina. Estos compuestos no poseen todo el cuerpo del aroma natural, pero pueden constituir buenas bases a partir de las cuales formular.

- **Aislados:** Los aislados son similares a los destilados mencionados anteriormente, pero sólo proceden de una única fuente de la que la molécula es aislada y extraída el material.

- *Enfleurage*: El *enfleurage* o enflorado es un proceso en el que un material vegetal es altamente saturado con grasa y se permite que cuaje a lo largo de un período de entre uno y tres días. A continuación, las especies botánicas se filtran y eliminan de la grasa, y la pomada resultante queda sumamente infusionada de aroma. Este método de destilación es muy costoso y requiere de mucho tiempo.

- *Mélange*: Se trata de perfumes sólidos elaborados a partir de especies botánicas y generalmente consisten en una combinación de cera de abeja y aceite de jojoba.

- **«Imitador natural»:** Se trata de acordes o combinaciones de especies botánicas que pueden imitar la fragancia de una planta, como las violetas, las gardenias o las lilas.

Materiales básicos de las Brujes:
llenando el armario mágico

Para aquellos que están empezando con las magias de los aromas y la perfumería espiritual, piensa en las listas que aparecen a continuación como en ingredientes esenciales para tus armarios metafísicos.

Destilados de especies botánicas

- **Aceites esenciales, absolutos, destilados mediante CO_2:** Lavanda, eucalipto, mandarina, incienso del árbol *Boswellia sacra*, tomillo, bergamota, jazmín, rosa, vetiver, canela, neroli, pimienta, salvia, clavo, cardamomo, limón, romero, hierba de limón.

Aceites mágicos y perfumes para tratar trastornos

- **Aceites:** Cortafuegos de Protección, Abridor de Caminos, Hogar Tranquilo, Corona de Éxito, Descruzador, Van Van, Obitsu, Échame un Vistazo, No Temas Caminar sobre el Mal, Eliminador de Bloqueos, Simplemente Juzga, Dominación, Metedura de Pata, Revertir.
- **Perfumes y aguas:** Bay Rum, Agua Florida, Kolonia 1800, Agua de Rosas, Agua de Lavanda, Perfume de Sándalo, Kolonia 1800 Vetiver, Loción Pompeya, Agua de Tabaco, Agua de Violetas.

PERSISTENCIA DEL AROMA

papel de acuarela cortado en tiras de 5 cm de ancho	aceite esencial de bergamota
aceite esencial de incienso del árbol *Boswellia sacra*	3 pipetas o cuentagotas
aceite esencial de jazmín	temporizador

El objetivo de este ejercicio es comprobar los tiempos de evaporación de cada extracto natural de todas las maneras posibles. Este proceso te ayudará a comprender por qué las esencias se clasifican en sus familias además de los efectos energéticos duraderos de cada elemento.

1. Toma tres tiras de prueba y, con tu pipeta o cuentagotas, vierte una gota de cada aceite esencial sobre las tiras.
2. Deja reposar las tiras diez segundos y haz una evaluación inicial de cada una empleando los siguientes criterios: ¿Cuán intenso es el olor según una escala del uno al diez? ¿Su perfil tiene calidez o es fresco o frío? ¿Dónde impacta el olor en tu paladar? ¿Qué recuerdos evoca? ¿Cómo te hace sentir?
3. Programa el temporizador para que te avise a los cinco minutos y vuelve a evaluar. Esta vez te fijarás en lo intenso que es el aroma en la tira: ¿Ha perdurado? ¿Sigue siendo igual de intenso? ¿Sigue desencadenando los mismos recuerdos emocionales?
4. Programa el temporizador para que te avise a los veinte, cuarenta y sesenta minutos y vuelve a evaluar.

DIFERENCIAS EN LA DESTILACIÓN DE EXTRACTOS NATURALES (ELEMENTOS BOTÁNICOS)

3 tiras de prueba
aceite esencial de jazmín
absoluto de jazmín

destilado de jazmín mediante CO_2
3 goteros o pipetas
temporizador

Este ejercicio te ayudará a comprender las diferencias en cuanto al aroma, la energía y la persistencia de los distintos métodos de destilación y te ayudará a expandir tu repertorio de ingredientes.

1. Toma tres tiras de prueba y vierte una única gota de cada extracto natural con tu pipeta o cuentagotas.
2. Deja que las tiras reposen durante diez segundos y haz una evaluación inicial empleando los siguientes criterios: ¿De qué formas son similares y distintos en cuanto a su aroma? ¿Cuánta potencia o fortaleza tienen? ¿Cuánto tiempo les lleva evaporarse física, emocionalmente y desde el punto de vista de la energía?
3. Vuelve a evaluar a intervalos de veinte, cuarenta y sesenta minutos.

Aceite para el autocuidado

aceite de colza

vitamina E

hierbabuena/menta (cap. 2)

capullos de rosa de color rosado (cap. 2)

resina de incienso del árbol *Boswellia sacra* (cap. 2)

lino

chaparral

aceite esencial de flores de saúco (cap. 2)

aceite esencial de hierbabuena (cap. 2)

aceite de geranio rosa

aceite de sándalo (cap. 2)

aceite esencial de lavanda (cap. 2)

Tintura de Bruja

Hierbabuena/menta: *Véase* el cap. 2.

Capullos de rosa de color rosado: *Véase* el cap. 2.

Resina de incienso del árbol *Boswellia sacra*: *Véase* el cap. 2.

Lino (*Linum usitatissimum*): Las evidencias arqueológicas más antiguas del uso y el cultivo del lino datan de hace treinta mil años en lo que hoy es la República de Georgia, pero el lino parece ser originario de la mayoría de las regiones templadas de todo el hemisferio norte. Medicinalmente, el lino y el aceite de linaza han mostrado reducir los niveles de colesterol en sangre y la presión sanguínea y ayudar en el asma, la disfonía, la tos fuerte y la bronquitis. Metafísicamente hablando, el lino está relacionado con la salud y la sanación, la abundancia de dinero, la protección y la tutela, y el desarrollo psíquico (desarrollar conciencia). «Espíritu del Lino, te invocamos por tu ayuda para reforzar nuestras prácticas de autocuidados y autoestima y para que nos señales los lugares de sanación en nuestro interior. Espíritu que nos vigila y protege, sé nuestro defensor y ayúdanos a crear límites personales estables, sólidos y duraderos y respalda nuestra valentía a lo largo de este proceso. Estate con nosotros como aliado y estate presente en este trabajo, Lino».

Chaparral (*Larrea tridentata*): Las especies autóctonas de chaparral o gobernadora se extienden desde Centroamérica hasta los estados occidentales de Estados Unidos (California, Nuevo México, Arizona, Texas y Oregón). Medicinalmente, el chaparral ha sido usado por comunidades indígenas para tratar la artritis, los calambres intestinales, los gases, los resfriados, las lesiones cutáneas, los forúnculos y las úlceras. Como aliado espiritual, se le conoce por su capacidad para limpiar y liberar venenos y toxinas físicos, mentales, espirituales y emocionales (opresiones internalizadas); e invita a la reflexión, la orientación compasiva y el apoyo en nuestra vida. «Espíritu del Chaparral, gran poseedor de medicina que nos respalda y orienta hacia nuestra propia sanación, rejuvenecimiento y autocuidado, ayúdanos mientras liberamos todas las toxinas y los venenos y reclamamos la plenitud. Aliado espiritual, amigo y guardián, te invocamos para una comunidad compasiva y orientación cariñosa y apoyo. Estate con nosotros, Chaparral, tanto en este trabajo como en nuestros corazones».

Saúco (*Sambucus mexicanus*): El saúco, que es originario del norte y el centro de México, la cordillera de Sierra Nevada, Baja California y Texas, es muy conocido por sus cualidades medicinales como reforzador del sistema inmunitario, además de por su ayuda para tratar trastornos estomacales y digestivos, fiebres, irritaciones de garganta, la tos, resfriados y la gripe. Como aliado espiritual, el saúco nos anima a participar plenamente de la vida y nos ayuda a disolver el miedo, la reticencia, la espontaneidad y el coraje. «Saúco, estate presente con nosotros y ayúdanos a disolver lentamente todas las restricciones autoimpuestas basadas en el miedo y la timidez. Ayúdanos a florecer y a medrar en nuestra vida, y oriéntanos hacia el carácter juguetón, la experimentación, la espontaneidad y la participación profunda en la vida que estamos viviendo y que queremos crear. Saúco, sé nuestro aliado y amigo».

Perfil aromático

Una vez que estés contento con la fragancia, añade una gota de vitamina E para estabilizar y fijar el aroma.

Aceite esencial de rosa: *Véase* el cap. 2.

Aceite esencial de hierbabuena: *Véase* el cap. 2.

Aceite esencial de geranio rosa (*Pelargonium graveolens*): El geranio rosa, originario de Sudáfrica, posee numerosas cualidades medicinales, entre las que se incluyen ser un antiséptico, antiinflamatorio, astringente y sedante. En un contexto espiritual, abre el corazón y nos orienta hacia la comprensión compasiva de nuestras experiencias, equilibra y armoniza las energías y las características dispares, y centra nuestros procesos emocionales frente al intentar evitarlos. «Geranio Rosa, te invocamos para que nos asistas mientras desarrollamos nuestras voces centradas en el corazón y nos abrimos hacia la comprensión compasiva de nuestras historias y experiencias. Mientras avanzamos por los procesos, orienta nuestras energías y ayúdanos a liberar y a permitir que todo lo que no forma parte de nosotros ni de nuestro verdadero yo fluya fuera de nosotros como las mareas. Espíritu que fomenta la sabiduría de nuestro corazón, estate con nosotros y en este trabajo».

Aceite esencial de sándalo: *Véase* el cap. 2.

Aceite esencial de lavanda: *Véase* el cap. 2.

Aceite para un hogar tranquilo

aceite de colza	extracción de albahaca mediante CO$_2$ (véase más arriba)
vitamina E	
romero (cap. 4)	
álamo balsámico	aceite esencial de bergamota (cap. 2)
albahaca (cap.2)	aceite esencial de ylang-ylang (cap. 2)
copal	
yerba santa	aceite esencial de ládano (cap. 2)

Tintura de Bruja

Aceite de colza: *Véase* más arriba.

Romero: *Véase* el cap. 4.

Álamo balsámico (*Populus candicans*): El álamo balsámico, originario de Norteamérica, ha sido cultivado como árbol de sombra desde la década de 1790. Como ayudante medicinal se ha usado como descongestivo y estimulante en medicamentos para la tos, y sus asociaciones metafísicas se relacionan con la reconciliación, aliviando la discordia y la falta de armonía en las relaciones, arreglando las heridas que afectan al corazón, proporcionando paz y recordándonos por qué queremos estar en una relación mutua (recordando los buenos tiempos y no centrándonos en lo negativo). «Álamo Balsámico, sanador de los corazones, aliviador de los malentendidos y el conflicto, estate con nosotros, en nuestro hogar, nuestros espacios y relaciones mutuas. Espíritu de la paz y reparador de corazones rotos, ayúdanos a conciliar nuestras expectativas con la realidad de lo que hay, y respáldanos mientras trabajamos compasivamente en favor de los desagravios. Álamo Balsámico, recuérdanos las visiones de bondad que vemos en nuestros seres queridos, y ayúdanos a seguir amando y a avanzar hacia la unidad. Estate con nosotros Álamo Balsámico, y en este trabajo».

Albahaca: *Véase* el cap. 2.

Copal: El copal es la resina de varias especies de la familia Burseraceae, que se encuentran en las regiones tropicales y subtropicales de Sudamérica y Centroamérica, además de la de otras especies botánicas resinosas de Norteamérica y Centroamérica, entre las que se incluyen plantas del género *Hymenaea*, de la familia de las legumbres; árboles del género *Pinus* (pinos); del género *Jatropha* (euforbiáceas) y del género *Rhus* (zumaque). El copal, que está medicinalmente implicado en el tratamiento de trastornos cutáneos y dolores articulares, también tiene propiedades antisépticas. Todos los copales poseen la misma energía vibratoria, y sus sutiles diferencias se comentan más adelante. «Espíritu del Copal, protector y guardián sagrado, te invocamos aquí en este trabajo. Asístenos para fortalecer nuestro cuerpo, nuestro Espíritu y nuestra fuerza de voluntad, y limpia todas nuestras fuerzas negadoras y las de nuestros espacios. Ayúdanos a alzar el vuelo y a mover nuestras vidas más cerca del Espíritu».

Yerba santa (*Eriodictyon californicum*): La yerba santa, originaria de California y del noroeste del Pacífico, es conocida médicamente por proteger los pulmones y tratar trastornos respiratorios, cefaleas, la fiebre y las distensiones musculares, además de por curar heridas. La yerba santa, que está relacionada con nuestra protección y la del hogar, ayuda en los trabajos de limpieza y purificación mientras establece y marca unos buenos límites y demarca espacios. «Yerba Santa, Hierba Sagrada que santifica y bendice, te pedimos que te mantengas firme a nuestro lado hoy mientras nos purificamos y nos elevamos a nosotros mismos y a nuestros espacios, y ayúdanos a afirmar nuestros límites tanto por dentro como por fuera. Espíritu de la Yerba Santa, estate con nosotros».

Perfil aromático

Una vez que estés contento con la fragancia, añade una gota de vitamina E para estabilizar y fijar el aroma.

Destilado de albahaca mediante CO$_2$: *Véase* más arriba.

Aceite esencial de bergamota: *Véase* el cap. 2.

Aceite esencial de ylang-ylang: *Véase* el cap. 2.

Aceite esencial de ládano: *Véase* el cap. 2

Aceite para las adicciones y la recuperación

- aceite de colza
- vitamina E
- caoba de montaña
- flor de cera lila
- pasiflora
- ginseng
- ginkgo
- diente de león
- cardo mariano
- camomila (cap. 4)
- aceite esencial del árbol *Boswellia sacra* (cap. 2)
- aceite esencial de ylang-ylang (cap. 2)
- aceite esencial de canela (cap. 2)
- aceite esencial de jengibre
- aceite esencial de rosa (cap. 2)
- aceite esencial de pomelo
- aceite esencial de lavanda (cap. 2)

Tintura de Bruja

Caoba de montaña (*Cercocarpus montanus*): La caoba de montaña, originaria de Centroamérica y Norteamérica, es conocida medicinalmente como tonificante maestro y potenciador general de la fortaleza, además de por tratar problemas y dolencias estomacales e intestinales. A un nivel energético y espiritual, la caoba de montaña tiene la capacidad de desbloquear todos los recuerdos y las narrativas de las enfermedades y dolencias en el organismo para así poder liberarlas y eliminarlas completamente del cuerpo. Identifica conexiones inadvertidas y ocultas en el inconsciente que pueden provocar que retomemos estilos de vida y patrones de conducta antiguos, y respalda nuestra elevación (ver las cosas desde una perspectiva más elevada) para poder llevar a cabo un cambio duradero. «Espíritu de la Caoba de Montaña, ayúdanos a considerar con compasión todos nuestros patrones e historias de adicciones, y ayúdanos a vivir y a escribir una narrativa distinta para el futuro. Espíritu que alza y eleva, ayúdanos a sentirnos respaldados, vistos y queridos por el Creador y por nuestras comunidades, y ayúdanos en nuestra recuperación y a recordarnos a nosotros mismos y a nuestras posibilidades de formas que ni siquiera podemos imaginar. Espíritu de la Caoba de Montaña, reafirma nuestra fortaleza, valentía y coraje y sé un aliado para nosotros en nuestros caminos y sendas hacia la recuperación».

Flor de cera lila (*Thunbergia laurifolia*): La flor de cera lila (o vid de trompeta azul) es originaria de la región indomalaya, y es un antipirético (reduce la fiebre), disminuye la menorragia (sangrado menstrual que dura más de siete días), repara la piel y contribuye al rejuvenecimiento, y es ampliamente conocida por su capacidad para eliminar venenos de la sangre. Sus propiedades espirituales están relacionadas con el alivio de la depresión (la pérdida de energía que sigue a la euforia), la autoafirmación y la autoestima constantes, el alivio de las irritaciones, el recordarnos la belleza del mundo, y el apoyar una dulzura y amabilidad equilibradas. «Flor de Cera Lila, asístenos mientras detoxificamos todas las adicciones, toxinas y venenos de nuestro cuerpo, Espíritu y emociones, y ayúdanos en nuestro viaje hacia la recuperación. Espíritu Defensor que ayuda aliviar las irritaciones, la inflamación y la depresión, ayúdanos a recuperarnos a nosotros mismos y a nuestra felicidad y a ver la belleza y la valía tanto en nosotros mismos como en el mundo. Flor de Cera Lila, asístenos mientras escogemos, tranquila y gradualmente, distintos comportamientos y acciones en nuestra vida, y ayúdanos a romper los impulsos hacia las viejas formas de pensar y de ser. Espíritu de la dulzura equilibrada y constante, permanece con nosotros y en nuestros avances en la vida. Espíritu de la Flor de Cera Lila, sé nuestro aliado y amigo».

Pasiflora (*Passiflora incarnata*): La pasiflora, originaria del sur de Estados Unidos, es conocida medicinalmente por mejorar la ansiedad, el insomnio, la curación de heridas y el apoyo al hígado. Metafísicamente, se la invoca para que calme los nervios crispados, facilite la relajación y el descanso, y fomente la capacidad de lidiar con el estrés de una forma equilibrada y sana. «Pasiflora, Espíritu que alivia y relaja, ayúdame mientras priorizo el reposo y mis propios cuidados. Ayúdame a gestionar cualquier estrés con facilidad, y libera cualquier ansiedad y tensión que puedan habitar en mi cuerpo. Pasiflora, apoya nuestras magias y estate conmigo en este trabajo».

Ginseng (*Panax ginseng*): El género *Panax* cuenta con variedad de especies de ginseng que son originarias de Corea, China y Norteamérica, y cada una de ellas tiene unas propiedades medicinales y espirituales similares.

Como medicina, el ginseng es un estimulante y un tonificante del sistema inmunitario y de todo el organismo, mejora la atención y la concentración (ayuda con la niebla cerebral) y regula y equilibra los niveles de azúcar en sangre. En la medicina tradicional china, el ginseng se considera, desde el punto de vista de la energía, la hierba tónica maestra que proporciona longevidad, salud, felicidad, éxito, alegría y amor. «Ginseng, maestro sanador y elaborador de medicinas, ayúdanos a fortalecer y tonificar nuestro cuerpo, mente y Espíritu, y comparte con nosotros tu vitalidad y tu fuerza vital, de modo que podamos estar completamente vivos y animados tanto en nuestro cuerpo como en cuanto a nuestras energías. Ayúdanos mientras nos liberamos de la adicción para sentirnos seguros, abrazados y respaldados, y apoya nuestra renovación y recuperación cada día de nuestra vida. Espíritu del Ginseng, estate con nosotros en este trabajo».

Ginkgo (*Ginkgo biloba*): Este ayudante, originario de China y Asia central, se usa medicinalmente para mejorar la circulación sanguínea hacia el cerebro y el sistema nervioso, aumentar los recuerdos y los procesos de memoria, y como tonificante respiratorio. Espiritualmente, el ginkgo está relacionado con la resiliencia, la quietud, la conciencia meditativa, la esperanza, la paz, la autoestima y la afirmación, y con el equilibrado y la armonización de las dualidades. «Espíritu del Ginkgo, despierta dentro de nosotros la conciencia interior y la esperanza, respáldanos mientras reoxigenamos nuestro organismo y revitalizamos nuestro Espíritu, y ayúdanos a crear nuevos comportamientos y acciones arraigadas en la longevidad de nuestra vida. Espíritu del Gingko, estate con nosotros en este trabajo y en nuestra vida».

Diente de león (*Taraxacum officinale*): El diente de león, originario de Eurasia, se ha propagado y extendido por todo el mundo. Como aliado medicinal, el diente de león es un apoyo para el hígado y el cerebro que ayuda eliminando toxinas y restableciendo el equilibrio electrolítico. También es conocido por tratar la anemia, los problemas cutáneos, el escorbuto, los trastornos sanguíneos y la depresión. En contextos espirituales, el diente de león está relacionado con el disfrute de los pequeños acontecimientos y bendiciones cotidianos, la felicidad y los juegos de nuestro niño interior. «Espíritu del Diente de León, estate con nosotros en nuestro trabajo y ayúdanos a recordar participar del disfrute de la vida. Espíritu del juego y la felicidad, ayúdanos a encontrar una felicidad importante y juegos, independientemente de las circunstancias o condiciones. Diente de león, apoya nuestra detoxificación y ayúdanos a encontrar un nuevo equilibrio en nuestro interior, y recuérdanos todas las posibilidades para introducir una alegría sana y esperanza en nuestra vida».

Cardo mariano (*Silybum marianum*): El cardo mariano, originario de las regiones mediterráneas, se usa medicinalmente como apoyo maestro para una función hepática adecuada y para tratar los niveles altos de colesterol, la diabetes, la acidez de estómago, el estómago revuelto, las dolencias de la vesícula biliar y la depresión. Espiritualmente, el cardo mariano está relacionado con los ritos de purificación, la exorcización de espíritus no deseados y no invitados, la felicidad y la potenciación de la vitalidad, y el fortalecimiento y la tonificación de nuestro Espíritu. «Cardo Mariano, trabaja con nosotros mientras reivindicamos la victoria y el éxito sobre todas las adicciones y las conductas adictivas. Espíritu que detoxifica y sustenta, respalda nuestros procesos y alimenta a nuestro cuerpo mientras nos anclamos en la salud, la vitalidad y la felicidad. Cardo Mariano, sé nuestro guía, amigo y defensor y ayúdanos a encarnarnos plenamente».

Camomila: *Véase* el cap. 2.

Perfil aromático

Una vez que estés contento con la fragancia, añade una gota de vitamina E para estabilizar y fijar el aroma.

Incienso del árbol *Boswellia sacra*: *Véase* el cap. 2.
Ylang-ylang: *Véase* el cap. 2.

Canela: *Véase* el cap. 2.

Jengibre (*Zingiber officinale*): El jengibre, originario del Sudeste Asiático, es otra especie botánica que se cultiva a nivel mundial con fines tanto culinarios como médicos. Como tiene numerosas propiedades relacionadas con la salud cardíaca, como el ser un antiinflamatorio, antioxidante y antiagregante plaquetario, además de tener unos efectos hipotensores e hipolipemiantes, el jengibre es un potente aliado para la salud física y emocional del corazón. Está espiritualmente relacionado con la energía, el fuego, el entusiasmo y el placer por la vida, y frecuentemente se combina con hierbas para el amor y la abundancia económica para generar bendiciones de actuación rápida. «Jengibre, asísteme mientras trabajo con nuestra salud cardíaca de todas las formas. Espíritu que descompone y libera coágulos y elimina el calor y la inflamación, ayúdame a fulminar todos los irritantes y las circunstancias que generan estos trastornos. Jengibre, respalda a mis fuegos y energías interiores y ayúdame a reavivar mi vida».

Rosa: *Véase* el cap. 2.

Pomelo (*Citrus paradisi*): El pomelo es un híbrido de cítrico que se originó en Barbados durante el siglo XVIII y que consiste en un cruce entre una naranja dulce y una pamplemusa. Medicinalmente, el extracto de semilla de pomelo tiene propiedades antibióticas y antimicrobianas, mientras que su zumo puede reducir los niveles de colesterol, mejorar los niveles de glóbulos rojos y tratar la psoriasis. Espiritualmente, se dice que el pomelo aumenta la claridad mental, la apertura emocional y la concentración; restaura nuestro propio poder y nos ayuda a sentirnos alineados con el propósito de nuestro Espíritu. «Espíritu del Pomelo, trabaja con nosotros para mostrar vulnerabilidad y apertura, y ayúdanos a restablecer nuestro propio poder y autodeterminación. Espíritu de la claridad y de la lucidez mental, apoya a estas cualidades en nuestro interior y oriéntanos hacia el alineamiento con nuestro verdadero objetivo y nuestro verdadero yo».

Lavanda: *Véase* el cap. 2.

Aceite para adaptarse a una nueva discapacidad o deficiencia

aceite de jojoba

vitamina E

chaparral (*véase más arriba*)

avena lechosa

albahaca sagrada

hoja del aire

aceite esencial de cedro

aceite de alerce del Canadá

aceite esencial de *Litsea cubeba*

aceite esencial de rosa (cap.2)

aceite esencial de vetiver

Tintura de Bruja

Aceite de jojoba (*Simmondsia chinensis*): La jojoba es originaria del sudoeste de Estados Unidos y de México, y al aplicarla sobre la piel trata el acné, la psoriasis, las quemaduras solares y la piel seca y agrietada. Espiritualmente, está relacionada con la plenitud encarnada, la comodidad, el alivio y unas relaciones sensatas y sanas. «Espíritu de la Jojoba, estate con nosotros mientras nos instalamos cómoda, plena y fácilmente en el cuerpo que tenemos ahora. Ayúdanos a atendernos compasivamente a nosotros mismos y a nuestro bienestar, y estate con nosotros continuamente mientras nos adaptamos del todo a nosotros mismos».

Chaparral: *Véase* este mismo capítulo.

Avena lechosa (*Avena sativa*): La avena, originaria de África y Eurasia, se ha convertido en un cereal alimentario que se cultiva en las regiones templadas de todo el mundo. Como medicina, la avena se usa para tratar el dolor articular y la fatiga, se ha visto que reduce los niveles elevados de ácido úrico (que provoca gota) en el organismo, ayuda en la detoxificación de los narcóticos del cuerpo, y se utiliza para tratar la ansiedad, los traumas y el estrés. Como aliada metafísica trabaja en la moderación y la tranquilización de nuestros estados de ánimo, aliviando la ansiedad en nuestro Espíritu, combatiendo los efectos energéticos del estrés cotidiano y respaldando un sueño y un reposo equilibrados. «Avena Lechosa, Espíritu defensor que relaja nuestros nervios, realinea nuestros sistemas hacia un respaldo sustentador y reduce los factores estresantes en nuestras jornadas, estate con nosotros mientras nos asentamos relajadamente en nuestro cuerpo. Ayúdanos a adaptarnos a las transiciones físicas, mentales y emocionales y a vernos sostenidos en una seguridad cariñosa. Ayúdanos mientras nombramos nuestras experiencias y ayúdanos a amoldarnos, asentarnos y recentrarnos».

Albahaca sagrada (*Ocimum tenuiflorum*): La albahaca sagrada o morada es originaria del subcontinente indio y posee propiedades antimicrobianas, adaptogénicas, antidiabéticas, hepatoprotectoras, antiinflamatorias y anticarcinógenas, y se sabe que trata los resfriados y la gripe, la diabetes, el dolor de cabeza, la fiebre, el estrés, el estómago revuelto y el dolor de oídos. Metafísicamente, su Espíritu trabaja para aumentar nuestra vitalidad y fuerza vital; es una guardiana y una ayudante protectora; armoniza a nuestros yoes emocional, espiritual y físico; y nos ayuda a ver la «santidad» en nuestras experiencias cotidianas. «Albahaca Sagrada, gran armonizadora de nuestros yoes emocional, espiritual y físico, asístenos mientras trabajamos para equilibrar nuestro corazón, nuestra mente y nuestro Espíritu. Potenciadora de la vitalidad, respalda y potencia nuestra fuerza vital y ayúdanos a sentirnos protegidos y seguros mientras nos estabilizamos y fortalecemos a nosotros mismos y nuestro entorno. Estate con nosotros, Albahaca Sagrada».

Hoja del aire (*Kalanchoe pinnata*): La hoja del aire, originaria de Madagascar, se cultiva actualmente en regiones tropicales y subtropicales de todo el mundo. Está involucrada como ayudante medicinal que trata la diabetes, ayuda a disolver los cálculos renales, fortalece el aparato respiratorio, y al aplicarla por vía tópica trata heridas, forúnculos y picaduras de insectos. Como aliada y defensora espiritual, la hoja del aire es conocida por ser una hierba imperecedera que revitaliza y rejuvenece el cuerpo físico, el mental y el emocional, y atrae a Espíritus y divinidades benévolos a nuestra vida y nuestro hogar. «Espíritu de la Hoja del Aire, te invitamos a nuestro cuerpo y a nuestra vida para que respaldes y sustentes nuestra vitalidad y a nuestro Espíritu. Profesora maestra que atraes a Seres y Divinidades benévolos a nuestra vida, apóyanos mientras nos adaptamos, recentramos y amamos plenamente en el cuerpo que tenemos ahora. Estate con nosotros, Hoja del Aire, y ayuda a nuestra elevación y renovación».

Perfil aromático

Una vez que estés contento con la fragancia, añade una gota de vitamina E para estabilizarla y fijar el aroma.

Cedro: Hay variedad de especies del género *Cedrus*, que son originarias de las regiones montañosas del Mediterráneo y del Himalaya, junto con otros árboles similarmente aromáticos de los géneros *Calocedrus*, *Thuja* y *Chamaecyparis*. El cedro es antimicrobiano, antiviral y antifúngico. También respalda al sistema inmunitario estimulando la producción de glóbulos blancos, y fomenta la eliminación de productos de desecho del organismo. Está implicado espiritualmente como medicina protectora, aleja a los espíritus y las energías no deseados y no invitados, y atrae la buena fortuna, el dinero y la resiliencia, e invita a las Divinidades y a las fuerzas evolucionadas a vivir con nosotros en nuestro hogar y nuestros espacios. «Cedro, te invocamos hoy para que acudas a nosotros y te pedimos que trabajes en nuestra medicina. Cedro, Espíritu Limpiador que elimina toda negatividad y a todas las fuerzas negativas, vistas o no vistas, estate presente en nuestra vida y ayúdanos a crear espacios para que las divinidades vivan en nuestro interior y en nuestro hogar».

Aceite de alerce del Canadá (*Larix laricina*): El alerce del Canadá, que es originario del noroeste del Pacífico, es un árbol de hoja perenne que ha sido utilizado por las comunidades nativas desde hace generaciones. Medicinalmente, se utiliza en los tratamientos para la ictericia, la anemia, el reumatismo, los resfriados y las afecciones cutáneas, y es un tónico, diurético y laxante. Espiritualmente, se considera la escalera cósmica que conecta nuestra conciencia con la del Creador y nos ayuda a abrirnos camino por los reinos interiores y exteriores de la realidad. Como Espíritu estabilizante, el alerce del Canadá nos ancla a nuestro núcleo interior y nos asiste durante las transiciones duraderas en la vida al tiempo que nos ayuda a honrar quién hemos sido, el lugar en el que nos encontramos ahora y en quién queremos convertirnos. «Espíritu del Alerce del Canadá, gran navegante y ayudante que nos asienta en nuestro verdadero núcleo y nos asiste en todas las transiciones de la vida con alegría, comodidad y gracia, te invocamos para que estés con nosotros y en nuestro interior. Alerce del Canadá, gran maestro que nos conecta con todos los reinos del Ser, ayúdanos a tender puentes y desarrollar relaciones con todos aquellos Seres, Divinidades y fuerzas bendecidos y trascendentes vistos y no vistos, y oriéntanos en nuestros viajes».

Aceite esencial de *Litsea cubeba*: La *Litsea cubeba*, originaria de Taiwán, China y el Sudeste Asiático, es conocida por ayudar a la digestión y tratar los escalofríos, el dolor de espalda y las molestias musculares. Espiritualmente, la *Litsea cubeba* energiza, purifica, equilibra y apoya a la alegría y la pasión encarnados. «*Litsea cubeba*, ayúdanos en nuestro trabajo mientras llevamos vida y vitalidad a nuestro cuerpo. Ayúdanos a liberar y purificar todas las narrativas y asociaciones negativas relativas a nuestra salud y respalda nuestra felicidad y el pleno disfrute de nuestros placeres sencillos. Estate con nosotros en nuestro camino, *Litsea cubeba*, y apoya nuestro rejuvenecimiento».

Aceite esencial de rosa: *Véase* el cap. 2.

Aceite esencial de vetiver (*Chrysopogon zizanioides*): El vetiver es una hierba que crece formando manojos que es similar a la hierba de limón, la citronela y otras hierbas aromáticas. Se invoca al vetiver para que ayude a tratar el shock emocional, la pérdida, el trauma, la incorporeidad, la ansiedad, el estrés y los piojos, y se le relaciona metafísicamente con el deseo, los logros, la claridad, el propósito y el manifestarnos desde las voces más íntimas de nuestro corazón. «Vetiver, esencia que cautiva y embriaga todo lo que tocas, ayúdanos a desarrollar estas energías en nuestro interior y en nuestros espacios. Al igual que dominas una habitación, permite que nuestra naturaleza interna seductora convoque a todo lo que deseamos. Mientras pronunciamos estas palabras y quemamos esta mezcla, invocamos y atraemos con facilidad y gracia todo lo que nombramos».

Perfume para los trabajadores sexuales para atraer y conservar a los clientes

alcohol de caña de azúcar

raíz de Jezebel

raíz de lirio

raíz de jalapa

raíz de equinácea de hoja estrecha

galanga mayor

canela (cap. 2)

clavo (cap. 2)

alkanet

alfalfa

sasafrás

aceite esencial de rosa (cap. 2)

aceite esencial de jazmín (cap. 2)

enfleurage de lila

aceite esencial de neroli (cap. 2)

aceite esencial de canela (cap. 2)

aceite esencial de benjuí (cap. 2)

aceite esencial de musgo de roble

Tintura de Bruja

Alcohol de caña de azúcar: La caña de azúcar (*Saccharum officinarum*), una hierba tropical originaria de Asia, ha tenido una historia larga y sórdida en América. Cultivada por su contenido en azúcar, se ha recurrido a la caña azucarera y a sus derivados para tratar las hemorragias, la inflamación, la ictericia y las infecciones de orina. Como ayudante espiritual, la caña de azúcar incrementa la solidaridad, la sabiduría, la belleza, la gracia, el amor y la lujuria. «Espíritu de la Caña de Azúcar, esencia de la embriaguez y el embrujo, ayúdanos a atraer a unos clientes constantes, sensatos y seguros, y atráelos hacia nosotros como el azúcar a los insectos polinizadores. Cautívales con nuestros encantos y sedúceles con Espíritus, Caña de Azúcar, y estate presente para allanar nuestros caminos».

Raíz de Jezebel (*Iris foliosa*): La raíz de Jezebel, o iris de Luisiana es oriunda de toda Norteamérica y Centroamérica. Medicinal y espiritualmente comparte similitudes con la raíz de lirio. «Raíz de Jezebel, te invocamos en este trabajo para que atraigas a clientes bienintencionados, dóciles y amables que nos respeten y valoren en todo momento. Permite que recurran constantemente a nosotros, que nos busquen y que nunca se sientan saciados sin nuestra presencia. Espíritu de la Raíz

130

de Jezebel y de todos los Trabajadores Sexuales alzados y elevados, os invocamos para que nos asistáis, respaldéis y estéis con nosotros».

Nota: Algunos trabajadores recomiendan ungir la Raíz de Jezebel con tus fluidos sexuales para asegurarte de que tus clientes conozcan tu olor y puedan encontrarte.

Raíz de lirio (*Iris germanica* e *Iris pallida*): La raíz de lirio es el rizoma de la flor del iris, que es oriunda de las zonas de clima templado de América, Asia y Europa y que generalmente se encuentra en regiones secas, semiáridas y montañosas. Medicinalmente es conocida por respaldar a las hormonas debido a sus propiedades estimulantes de las glándulas, además de ser un purificador de la sangre y potenciador de los riñones. Aparte de su naturaleza medicinal, la raíz de lirio se ha utilizado durante siglos en perfumería y está espiritualmente relacionada con la influencia, el control, la belleza, el glamur, el hechizo y la gracia. «Espíritu de la Raíz de Lirio, esencia de influencia y control, ayúdanos a estar plenamente empoderados y a mantener el control de nuestras finanzas. Ayúdanos mientras tomamos conciencia de todos los lugares en los que podemos asegurar nuestras finanzas, hacer crecer nuestro dinero y tomar las decisiones más inteligentes con respecto a nuestros gastos. Espíritu de la Raíz de Lirio, estate con nosotros».

Raíz de jalapa (*Ipomoea jalapa*): La raíz de jalapa, originaria de México y Centroamérica, es muy conocida en la Brujería y la magia negra por sus asociaciones metafísicas con la fuerza, la dominación, el poder, la virilidad y la personalidad enérgica astuta. Ya no se recomienda para ningún tratamiento medicinal debido a su naturaleza purgante (provoca intensos vómitos y diarrea al ingerirla). «Raíz de Jalapa, esencia de la dominación, la fortaleza y el poder, ordenamos a nuestras bendiciones que oigan inmediatamente nuestra llamada y que aparezcan rápidamente frente a nosotros. Espíritu de la atracción magnética, permite que todos aquellos que huelan esta fragancia se vean irresistiblemente impulsados a aparecer».

Raíz de equinácea de hoja estrecha (*Echinacea angustifolia*): Como medicina, la equinácea de hoja estrecha, originaria de Norteamérica, fortalece y potencia el sistema inmunitario y proporciona alivio de los síntomas de la garganta irritada, la tos y la fiebre. Como apoyo espiritual, la equinácea de hoja estrecha está relacionada con la fortaleza y la capacidad de superar cualquier obstáculo o a cualquier enemigo, con el éxito y la victoria, y con el respeto. «Equinácea de Hoja Estrecha, te pedimos que nos prestes tu fortaleza mientras reivindicamos la victoria y el éxito en nuestros empeños. Ayúdanos mientras atraemos a clientes de las cuatro direcciones, y asegúrate de que sean respetuosos y nos traten con amabilidad. Espíritu de la Equinácea de Hoja Estrecha, estate con nosotros».

Galanga mayor (*Alpinia galanga*): La galanga mayor, originaria del Sudeste Asiático y de Oriente Medio, tiene propiedades medicinales que incluyen cualidades antiinflamatorias, reprime la cinetosis (mareos causados por el movimiento), ayuda en la digestión y asiste con las náuseas. La galanga mayor está metafísicamente relacionada con el control, la dominación, la influencia y las órdenes, y se dice que hace que la gente y las circunstancias queden bajo tu control. «Galanga Mayor, Espíritu que ablanda las defensas, abre la influencia y respalda nuestro control equilibrado de las situaciones, ayúdanos a abrir los corazones, las mentes, los cuerpos y los espíritus de nuestros seres queridos. Permite que anhelen nuestro contacto y nuestra caricia y haz que su atención se centre sólo en nosotros. Espíritu de la Galanga Mayor, ayúdanos a estar plenamente empoderados en nuestras sexualidades y deseos, y permite que se manifiesten plenamente en nuestras uniones y relaciones románticas».

Canela: *Véase* el cap. 2.

Clavo: *Véase* el cap. 2.

Alkanet (*Batschia canescens*): El alkanet, originario de Pakistán y de regiones mediterráneas, se ha usado como tinte púrpura (el púrpura es el color de la realeza) para teñir las telas. En cuanto a sus funciones medicinales, el alkanet es antibacteriano, antipruriginoso (alivia el picor y la irritación), astringente y vulnerario (ayuda a curar las heridas) y trata las varices, las lesiones cutáneas, las llagas y las úlceras de decúbito. El alkanet, que está relacionado, espiritualmente, con la realeza, la estima, la riqueza, la suerte y el azar, nos corona, desde el punto de vista de la energía, con estas energías. «Alkanet, Espíritu de la Soberanía, la Riqueza, la Estima y la Buena Fortuna, ayúdanos mientras atraemos la riqueza y a clientes ricos a nuestro negocio. Esencia del azar y la suerte, estate con nosotros y ayúdanos a tener suerte en todos nuestros tratos, Alkanet, te invocamos para que estés presente en este trabajo».

Alfalfa (*Medicago sativa*): La alfalfa es un cultivo forrajero usado como pasto y para producir heno y ensilado para el ganado vacuno, las ovejas y otros tipos de ganado. Medicinalmente, la alfalfa se emplea para trastornos renales, proteger la vejiga y la próstata e incrementar el flujo de orina. Como aliado espiritual, la alfalfa atrae a la abundancia, la copiosidad, la riqueza y el dinero (que nuestras finanzas sean tan exuberantes y sostenibles como la alfalfa). «Alfalfa, Espíritu de la Copiosidad, la Abundancia y las Fortunas, estate presente en nuestra vida y ayúdanos a atraer a clientes ricos que puedan respaldarnos financieramente y sustentarnos. Ayúdanos a vernos sufragados constantemente, y permite que todos aquellos que nos invocan para ser generosos con su dinero y prosperidad estén con nosotros, Alfalfa».

Sasafrás (*Sassafras albidum*): El sasafrás, originario del este de Norteamérica y de Texas, se ha usado para dar sabor a la zarzaparrilla y como ingrediente del condimento filé de la cocina criolla de Luisiana. Como medicina, al aceite puro de sasafrás puede ser extremadamente tóxico, incluso a bajas dosis (no te preocupes si trabajas con la hierba). Espiritualmente, es un generador y protector de la riqueza y descruza todas las energías negativas en torno al dinero y la abundancia. «Espíritu del Sasafrás, ayúdanos a reunir riqueza y dinero de todas las direcciones y fuentes, a descruzar y eliminar cualquier negatividad o influencias negativas que intenten evitar que recibamos lo que merecemos, y protege y escuda nuestra abundancia, prosperidad y dinero de las interferencias e intromisiones externas. Estate presente en nuestro trabajo, Sasafrás».

Perfil aromático

Aceite esencial de rosa: *Véase* el cap. 2.

Aceite esencial de jazmín: *Véase* el cap. 2.

***Enfleurage* de lila:** La lila (*Syringa vulgaris*), originaria de la península Balcánica, es una flor de aroma tan sutil que no puede destilarse en forma de aceite esencial. Todos los aceites de lila son sintéticos o acuerdos (combinaciones de elementos florales que generan la fragancia). Como medicina, la lila es conocida por reducir la fiebre y ayudar con la inflamación gástrica, y también se la considera antiperiódica (evita la recurrencia de enfermedades como la malaria). Como aliado espiritual, la malaria nos ayuda con las expresiones de amor, pasión, alegría y juventud. «Espíritu de la Lila, hechiza a nuestros clientes con emoción, exuberancia y pasiones, y haz que expresen su agradecimiento y amor siendo generosos con su dinero y su riqueza. Trabaja con nosotros y sé nuestro aliado, Espíritu de la Lila».

Aceite esencial de neroli: *Véase* el cap. 2.

Aceite esencial de canela: *Véase* el cap. 2.

Aceite esencial de benjuí: *Véase* el cap. 2.

Musgo de roble (*Evernia prunastri*): El musgo de roble es una variedad de liquen que crece a lo largo y ancho de la mayoría de las regiones templadas del hemisferio norte. En la herbología, el musgo de roble es un ayudante que se sabe que funciona en el caso de afecciones estomacales e intestinales y que espiritualmente está relacionado con la fertilidad, la lujuria, la abundancia, el dinero y la atracción. Como es una nota de base (con un tiempo de evaporación largo), representa a las energías duraderas: cosas que permanecen con nosotros durante largos períodos. «Espíritu del Musgo de Roble, te pedimos que añadas longevidad y tenacidad a nuestro trabajo. Ayúdanos mientras invocamos a nuestros amores, deseos y bendiciones, a mantenerlos cerca, y no permitas que se esfumen. Musgo de Roble, llamamos y atraemos inmediatamente hacia nosotros todos nuestros deseos con tu asistencia, Espíritu ayudante, y convocamos a estas bendiciones».

Perfume para sanar el maltrato

base de alcohol

avena lechosa (véase)

escutelaria

hipérico

agripalma

pasiflora

aceite esencial de angélica

aceite esencial de abeto balsámico

aceite esencial de helicriso (o flor de papel)

aceite esencial de tanaceto azul

aceite esencial de geranio rosa

Tintura de Bruja

Avena lechosa: *Véase* más arriba.

Escutelaria (*Scutellaria galericulata*): La escutelaria, nativa del hemisferio norte, forma parte de la familia de la menta y se ha empleado medicinalmente como relajante suave y para el tratamiento de la ansiedad, la tensión nerviosa y las convulsiones. Se ha visto que las especies de escutelaria de América tienen propiedades antioxidantes que protegen contra la enfermedad de Alzheimer y la de Parkinson. Como ayudante espiritual, la escutelaria alivia y calma a los cuerpos energéticos y tranquiliza las respuestas de lucha o huida, además de generar estados de ánimo tranquilo y una conciencia relajada. «Espíritu de la Escutelaria, ayúdanos a sentirnos seguros en nuestra mente, cuerpo y Espíritu, y a neutralizar el pánico, el estrés y las respuestas de miedo. Espíritu que trabaja con la memoria y la evocación, ayúdanos a sanar y a sentirnos completos de nuevo, y ayúdanos a no revivir en nuestros recuerdos los malos tratos y el sufrimiento del pasado. Estate con nosotros en este trabajo y en nuestra vida, Escutelaria».

Hipérico (*Hypericum perforatum*): Al hipérico o hierba de san Juan, originario del norte de África, el oeste de Asia y de Europa, se le conoce medicinalmente como un ayudante para la depresión, la angustia, la fatiga mental y la desesperanza. Tal y como sugiere su nombre científico, las cualidades espirituales del hipérico nos permiten perforar las nieblas y nubes emocionales para permitir que el sol entre en nuestra vida. «Hipérico, asístenos mientras reclamamos nuestra luz, alegría y libertad en nuestro cuerpo y nuestra vida. Ayúdanos a elevar nuestro estado de ánimo y nuestro Espíritu, y a sentir y ver nuestra luz interior y a irradiar alegría, amor y sanación por todo nuestro cuerpo y nuestros espacios. Estate con nosotros y estate presente».

Agripalma (*Leonurus cardiaca*): La agripalma es originaria de Asia central y el sudeste de Europa, pero su cultivo se ha extendido por América y por la mayor parte del mundo. Medicinalmente se usa para tratar la presión sanguínea alta, los latidos irregulares, la insuficiencia cardíaca y la ansiedad, y es muy conocida como estimulante uterino. Metafísicamente está relacionada con el alivio del corazón emocional, y promueve un coraje y una valentía amables mediante la priorización de la alimentación y los autocuidados. «Espíritu de la Agripalma, calma y alivia nuestros corazones y ayúdanos a cuidar plenamente de nosotros mismos y de aquellos a quienes queremos. Asístenos, Agripalma, para reducir la hipertensión y para tener unos latidos regulares y firmes. Espíritu de la Agripalma, respáldanos mientras llevamos a cabo, valientemente, cambios en nuestra vida para apoyar y amar a nuestro corazón, cuerpo y Espíritu».

Pasiflora: *Véase* más arriba.

Perfil aromático

Aceite esencial de angélica (*Angelica archangelica*): La angélica, originaria del norte de Europa, Rusia, Islandia, Groenlandia y el Himalaya, se usa en tratamientos medicinales para el nerviosismo y la ansiedad, el miedo, los problemas para dormir, los trastornos circulatorios, la demencia, la apoplejía y los dolores musculares y articulares. Sus cualidades metafísicas son altamente protectoras y atraen a los guardianes y defensores más elevados (los arcángeles) para que nos rodeen a nosotros y a nuestro hogar con una amabilidad cariñosa y compasiva, al tiempo que evitan que las fuerzas negadoras entren en nuestra vida. «Angélica, protectora guardiana sagrada, rodéanos con tus alas y protégenos de todo daño y enfermedad. Espíritu que calma al sistema nervioso y libera la ansiedad, el miedo y los problemas del corazón, ayúdanos a recuperarnos y a renovarnos de dentro a fuera».

Aceite esencial de abeto balsámico (*Abies balsamea*): El abeto balsámico, un árbol originario de Norteamérica, tiene propiedades antisépticas y genera una cubierta protectora analgésica para las quemaduras, los cardenales, las heridas y las llagas al aplicarlo sobre la piel. Como aliado espiritual nos ayuda, desde el punto de vista de la energía, a elevarnos desde la densidad desconsolada y emocional mientras sacamos provecho de nuestros sistemas fundamentales de fortalecimiento. Nos ayuda a identificar y expulsar todas las ideas equivocadas internalizadas que hemos asumido mientras nos muestra cómo reintegrarnos con seguridad en el mundo. «Abeto Balsámico, Espíritu que recubre nuestra carne viva, alivia el dolor y nos protege de daños posteriores, estate con nosotros en nuestro trabajo y en nuestra vida. Espíritu de la integridad, la fortaleza, la resiliencia y la paz, ayúdanos a ponernos de pie completamente, tal y como nos encontramos, y ayúdanos a ponernos en contacto y alzarnos hacia el Cosmos».

Aceite esencial de helicriso (o flor de papel): El helicriso, o flor de papel, pertenece a la familia del girasol y las margaritas (Asteraceae), y es conocido por sus propiedades antiinflamatorias, antifúngicas y antibacterianas. El helicriso incluye a varias especies, principalmente al *Helichrysum italicum*, que se extiende desde la cuenca mediterránea hasta Sudáfrica y Australia. Espiritualmente, los helicrisos trabajan para sanar internamente todos los lugares que creemos que no se pueden sanar; abren al corazón y al Espíritu de la Iluminación y la luz, sanan las cicatrices de sufrimientos pasados y de heridas emocionales y se les considera un conector maestro que concilia el yo con las fuerzas, las energías y los Espíritus creativos, bendecidos y elevados. «Espíritu de la Flor de Papel, Sanador Maestro de Heridas, ayúdanos mientras identificamos todos los traumas, sufrimientos y dolores emocionales, espirituales y psíquicos, y trabaja con nosotros para sanar y aliviar compasivamente todas estas áreas, incluso las que creemos que no pueden ser sanadas. Espíritu de la conexión, la calidez y la vitalidad, calienta nuestro cuerpo con tu luz, extiende tu vitalidad eterna en el interior de nuestro cuerpo y conéctanos con nuestro verdadero yo, con nuestros verdaderos propósitos y con los Seres Bendecidos del Universo. Estate con nosotros, Flor de Papel».

Aceite esencial de tanaceto azul (*Tanacetum annuum*): El tanaceto azul, originario de Marruecos y que se cultiva por todo el Mediterráneo, ha obtenido una fama reciente en la industria de los cuidados de la piel debido a su capacidad de abrir los poros congestionados, calmar la inflamación e irritación cutánea, reducir el calor, matar a las bacterias que provocan las espinillas, reducir las rojeces y tratar la piel con problemas y delicada. Metafísicamente, el tanaceto azul calma el calor y la inflamación en el corazón y los cuerpos emocionales, nos ayuda a afirmar nuestro amor por nosotros mismos mientras nos ayuda a emprender acciones basadas en ese amor, respalda nuestras expansiones y calma la ansiedad, la tensión y el estrés en la mente. «Espíritu del Tanaceto Azul, ayúdanos a poner fin a las fuerzas, entidades y seres negadores que se esconden bajo nuestra piel, y alivia el dolor, la inflamación y las irritaciones que han provocado. Tanaceto azul, con tu asistencia nos afirmamos plenamente con amor, comprensión, amabilidad y gracia, y vemos los verdaderos reflejos sobre quiénes somos. Espíritu del Tanaceto Azul, alivia nuestro dolor y protege nuestras partes delicadas mientras nos expandimos dejando atrás todas las limitaciones que se nos han impuesto. Estate con nosotros, Tanaceto Azul, y permanece en nuestro corazón, mente y Espíritu».

Perfume para el dinero en metálico/los timos

raíz de jalapa (véase más arriba)

raíz de equinácea de hoja estrecha (véase más arriba)

alkanet (véase más arriba)

alfalfa (véase más arriba)

ruda (cap. 2)

aster de China

canela (cap. 2)

mejorana

sasafrás (véase más arriba)

aceite esencial de bergamota (cap. 2)

aceite esencial de neroli (cap. 2)

aceite esencial de musgo de roble (cap. 2)

aceite esencial de canela (cap. 2)

aceite esencial de pachulí

aceite esencial de jazmín (cap. 2)

aceite esencial de jengibre (véase más arriba)

Tintura de Bruja

Raíz de jalapa: *Véase* más arriba.

Raíz de equinácea de hoja estrecha: *Véase* más arriba.

Alkanet: *Véase* más arriba.

Alfalfa: *Véase* más arriba.

Ruda: *Véase* el cap. 2.

Aster de China (*Callistephus chinensis*): El aster de China, originario de Indochina, Europa, Norteamérica, Australia y Nueva Zelanda, se ha empleado externamente como medicina para tratar las cefaleas y las náuseas. Metafísicamente, el aster de China atrae la abundancia, la prosperidad, la suerte y la casualidad a nuestra vida. «Espíritu del Aster de China, aparece y ayúdanos a atraer la estabilidad económica, el dinero, las oportunidades y la suerte a nuestra vida. Mientras despertamos nuestra conciencia y mejoramos nuestras finanzas, respalda y protege nuestros ingresos y abre los caminos para la suerte, las oportunidades y la fortuna en nuestra vida, Aster de China, y estate presente con nosotros continuamente».

Canela: *Véase* el cap. 2.

Mejorana (*Origanum majorana*): La mejorana, originaria de Oriente Medio, Turquía, Chipre y el Mediterráneo, se usa como hierba tanto culinaria como mágico-espiritual. Como medicina, la mejorana es tanto un tónico para el corazón como para los nervios que promueve la salud circulatoria además de tratar la tos, las afecciones de la vesícula biliar, los calambres estomacales, los trastornos digestivos, la depresión, los mareos y las migrañas. Espiritualmente, la mejorana está relacionada con la riqueza, la prosperidad y la atracción del dinero; promueve el alivio de la pena y la tristeza, y aumenta la alegría y la felicidad a lo largo de nuestra vida. «Espíritu de la Mejorana, estate con nosotros en nuestro trabajo con respecto al dinero y ayúdanos a ver posibilidades y nuevas oportunidades mientras protegemos los discursos de los que disponemos. Espíritu de la conciencia financiera, apoya a nuestra conciencia y verdadera comprensión del lugar en el que nos encontramos actualmente con nuestro dinero, y ayúdanos a asegurar y proteger nuestras fuentes de ingresos mientras atraemos y magnetizamos a la suerte y la fortuna para nosotros, nuestros negocios y nuestros hogares».

Sasafrás: *Véase* más arriba.

Perfil aromático

Aceite esencial de bergamota: *Véase* el cap. 2.

Aceite esencial de neroli: *Véase* el cap. 2.

Aceite esencial de musgo de roble: *Véase* más arriba.

Aceite esencial de canela: *Véase* el cap. 2.

Aceite esencial de pachulí (*Pogostemon cablin*): El pachulí, que es originario del Sudeste Asiático, es usado medicinalmente para la relajación y para aliviar el estrés mientras fomenta un sistema inmunitario sano. Empleado externamente para tratar la dermatitis, el acné y la piel seca y agrietada, el pachulí también es considerado un antiinflamatorio maestro, además de tener propiedades digestivas y como repelente de insectos. En cuanto a la metafísica, el pachulí está relacionado con la pasión, la lujuria, la riqueza, el dinero y la realeza, al tiempo que ayuda en los estados de concentración profunda y meditativos. «Pachulí, Espíritu de la pasión, el dinero, la riqueza y la abundancia económica, atrae hacia nosotros bendiciones financieras y abundancia. Esencia que asegura y protege las fortunas y hace aumentar la riqueza, el dinero y las oportunidades financieras, ayúdanos a ver nuestros caminos para disponer de seguridad económica y ser ricos y prósperos mientras nos ayudas a identificar todos los lugares en los que no hemos utilizado nuestros flujos de dinero al máximo. Espíritu del pachulí, estate con nosotros y con nuestro trabajo y bendícenos con seguridad económica y abundancia».

Aceite esencial de jazmín: *Véase* el cap. 2.
Aceite esencial de jengibre: *Véase* más arriba.

Perfume para salir del armario con fuerza y orgullo

base de alcohol	hoja de vainilla
helicriso (flor de papel) (véase más arriba)	hoja de violeta común
	azafrán
damiana	milenrama
sello de oro	aceite esencial de pachulí
imperatoria	*enfleurage* de lila (véase más arriba)
aceite esencial de ládano (cap. 2)	aceite esencial de jazmín (cap. 2)
aceite esencial de musgo de roble (véase más arriba)	aceite esencial de yuzu
aceite esencial de vainilla (cap. 2)	aceite esencial de bergamota (cap. 2)
aceite esencial de mirra	

Tintura de Bruja
Base de alcohol: *Véase* el cap. 2.
Helicriso (flor de papel): *Véase* más arriba.
Damiana (*Turnera diffusa*): La damiana, originaria de las regiones subtropicales del sur de Texas, México, Centroamérica, Sudamérica y el Caribe, tiene una rica historia cultural y medicinal en la Brujería.

Medicinalmente se recurre a ella como aliada para tratar la depresión, las cefaleas, el estómago revuelto, la impotencia y el estreñimiento. Esta hierba está espiritualmente relacionada con la intimidad conectada, la expresión sexual sin filtros, el compromiso conectado, la adivinación, la mediación, la meditación y el acallamiento de la mente interior habladora. «Espíritu de la Damiana, estate con nosotros en nuestro trabajo para abrir nuestros canales, nuestra mente y nuestro corazón a los mensajes elevados, compasivos y cariñosos. Ayúdanos a distinguir entre el verdadero conocimiento y la ilusión, y ayúdanos a ser receptivos y discernidores. Espíritu de la Damiana, te invocamos. Estate presente con nosotros».

Sello de oro (*Hydrastis canadensis*): El sello de oro es un antibacteriano y antiinflamatorio, y tiene propiedades potenciadoras de la inmunidad, y cuando se aplica externamente trata los sarpullidos, las úlceras, las infecciones de heridas, el picor, el eccema, el acné, la caspa, la tiña, las ampollas provocadas por el herpes y el herpes labial. El sello de oro es originario de Norteamérica y posee cualidades espirituales que incluye la protección de aquello que consideramos más sagrado, sanando las llagas y los irritantes que afectan a nuestros estados emocionales y atrayendo la positividad en abundancia. «Espíritu del Sello de Oro, protector de nuestros tesoros más íntimos y sanador que calma y reviste las partes más irritadas de nosotros mismos, estate con nosotros y sé nuestro aliado mientras abrazamos y amamos totalmente todo aquello en lo que nos convertimos. Ayúdanos a desprendernos de cualquier idea preconcebida sobre quién se supone que tenemos que ser, y respalda nuestra conversión completa. Sello de Oro, rodéanos de tu calidez dorada y aleja y aparta a toda la gente, energías y fuerzas negadoras, inflamatorias e irritantes. Estate con nosotros, a nuestro alrededor y en nuestro interior, Sello de Oro».

Imperatoria (*Imperatoria ostruthium*): La imperatoria es originaria de Europa central y de las regiones mediterráneas, y es un ingrediente importante de las cervezas amargas y los licores, y se usa para tratar problemas gastrointestinales, sarpullidos y lesiones cutáneas, infecciones respiratorias, la fiebre, la gripe y los resfriados. También tiene una larga historia en los ritos de sahumado y las mezclas de incienso. Metafísicamente, la imperatoria está relacionada con el fortalecimiento de nuestra voluntad y resolución, calmando nuestras respuestas emocionales, protegiendo todos los aspectos de nosotros mismos e integrando partes dispares de nuestra psique, y tener el pleno dominio de nosotros mismos y de cómo avanzamos por el mundo. Algunos ancianos dicen que moler toda la raíz hasta reducirla a polvo y luego espolvorearla hará que los Espíritus se manifiesten ante nosotros. «Imperatoria, ayúdanos a asentarnos completamente en nuestro poder, valor, valía y estima, y ayúdanos a ser fuertes en nosotros mismos y en la vida que construimos. Espíritu que calma y tranquiliza nuestras respuestas, ayúdanos a desactivar desencadenantes y narrativas de traumas y revierte todas las energías y a todas las personas negadoras que no pueden vernos como realmente somos. Imperatoria, te invocamos para que saques a la luz a todos los Antepasados LGTBQI valientes, elevados y trascendentes y que nos recuerdes continuamente su presencia, fortaleza, coraje y amor. Estate con nosotros, Imperatoria».

Hoja de vainilla (*Carphephorus odoratissimus*): La hoja de vainilla tiene propiedades emolientes, diaforéticas (induce el sudor) y diuréticas, y antaño se empleaba para tratamiento de la malaria y de otras infecciones parasitarias. Esta especie botánica contiene cumarina (el compuesto químico que le aporta su olor parecido a la vainilla), pero si se ingiere puede dañar el hígado y fluidificar la sangre excesivamente. La hoja de vainilla, originaria de las regiones costeras de Norteamérica y Centroamérica, ha sido usada espiritualmente por su olor embriagador y hechizador, para atraer a amantes y disfrutar de unas relaciones sexuales muy placenteras (por si no lo has adivinado, soy un gran admirador de esta planta). La hoja de vainilla también es una gran propugnadora para hacer que la gente diga lo que tiene en mente y que se comunique desde el corazón (hacer que la gente abra la boca y te diga cómo se siente realmente). «Hoja de Vainilla, respáldanos mientras celebramos quiénes somos y expresamos nuestras experiencias con franqueza y vulnerabilidad. Espíritu de la embriaguez, la seducción y el hechizo, estate con nosotros mientras florecemos completamente en nosotros mismos y embriagamos al mundo con nuestras energías. Apóyanos, Hoja de Vainilla, y proporciónanos coraje y fortaleza a todos los que vamos tras nosotros mismos, nuestra alegría, nuestros sueños y la vida que queremos vivir. Estate con nosotros, Hoja de Vainilla, y estate presente en este trabajo».

Hoja de violeta común (*Viola odorata*): Las violetas, originarias de las zonas templadas de América y de todo el mundo, se han usado en la cocina, la perfumería y la elaboración de medicinas desde la antigüedad. Las violetas tienen propiedades calmantes, relajantes y antiinflamatorias y se usan para tratar la piel seca, las abrasiones, las picaduras de insectos, el eccema, las varices y las hemorroides. Espiritualmente, la violeta acerca y atrae el amor y experiencias cariñosas y es un protector del corazón contra el lenguaje prejuicioso y los comentarios llenos de odio. La violeta nos invoca hacia una serenidad pacífica y sana la agresividad del mundo (también es genial para amplificar las energías lujuriosas en los demás, aunque yo no te he contado nada). «Espíritu de la Violeta, protector del corazón, estate con nosotros mientras nos mantenemos firmes contra la intolerancia y la gente y las fuerzas llenas de odio. Ayúdanos a ser tiernos y cariñosos con nosotros mismos, nuestra familia y nuestras comunidades y a atraer experiencias y personas cariñosas hacia nosotros, nuestros espacios y nuestro hogar. Espíritu de la Violeta, estate con nosotros siempre».

Azafrán (*Crocus sativus*): El azafrán son los estambres de la flor del mismo nombre. Se emplea como especia y tinte, y tiene una profunda historia religiosa y espiritual en las tradiciones nacidas en el subcontinente indio. El azafrán, originario de la región mediterránea, Asia Menor e Irán, se emplea medicinalmente para tratar la depresión y la ansiedad, mejorar la memoria y los recuerdos, y aliviar los dolores menstruales. Además, es un expectorante y antitusivo (supresor de la tos) suave. Metafísicamente, el azafrán le habla al valor que nos concedemos y las formas en las que mostramos ese valor al mundo. El azafrán es un afrodisíaco y genera la creación de vínculos emocionales entre los miembros de una pareja. «Espíritu del Azafrán, soberano de la autoestima y de la autoafirmación, ayúdanos a vernos completamente y sin artificios, tal y como somos, y a ver la belleza que poseemos. Espíritu de las interacciones conectadas y la empatía emocional, ayúdanos a reconocer nuestra humanidad y la de los demás mientras avanzamos por nuestra vida. Azafrán, estate con nosotros, estate presente en nuestro trabajo y vive en nuestro corazón».

Milenrama (*Achillea millefolium*): La milenrama o aquilea, que es originaria de Norteamérica, Asia y Europa, respalda la claridad mental y el equilibrio emocional, y ayuda a tratar dolencias hepáticas y cutáneas, el asma, los resfriados y la gripe, la inflamación digestiva y la diarrea. Espiritualmente, la milenrama está relacionada con la protección física y psíquica. Esta ayudante tiene una larga historia de conexión con la adivinación y con ser capaz de abrir las puertas al Espíritu mientras nos mantenemos con los pies en la tierra y centrados en nosotros mismos. «Espíritu de la Milenrama, gran ayudante y amiga de la humanidad, camina a nuestro lado. Milenrama, te invocamos para que nos limpies a nosotros y a nuestros espacios de todos los obstáculos, retos y energías de bajo nivel. Ayúdanos a eliminar toda la ansiedad y la depresión y respáldanos mientras nos mantenemos firmes en nuestra claridad y verdad. Abre las puertas a las Divinidades y a nuestros grupos de antepasados trascendentes, y permítenos estar presentes ante sus consejos y mensajes».

Perfil aromático
Aceite esencial de pachulí: *Véase* más arriba.
Aceite esencial de ládano: *Véase* el cap. 2.
Aceite esencial de musgo de roble: *Véase* más arriba.
Aceite esencial de vainilla: *Véase* el cap. 2.
Mirra (*Commiphora myrrha*): Varios árboles de la familia Burseraceae se cultivan como fuente de mirra, que es una de las resinas más fácilmente reconocibles debido a la larga historia de su uso, desde los tiempos de los antiguos egipcios hasta la Iglesia católica actual. La mirra, que es originaria de la península Arábiga y del norte de África, se ha empleado desde la antigüedad como agente antibacteriano, antifúngico, astringente, antiséptico, antiparasitario, supresor de la tos y antiespasmódico, además de estimular el flujo menstrual. En cuanto a sus componentes espirituales, la mirra está relacionada con lo Divino Femenino y se la invoca de forma que podamos oír y recibir la voz de las Divinidades. También es una fuerza calmante y relajante para nuestro Espíritu. «Mirra, Espíritu de lo Divino Femenino en todas sus formas, te invocamos para que estés con nosotros en nuestro trabajo. Asístenos mientras aliviamos y calmamos nuestras energías, nuestro

corazón, nuestro Espíritu y nuestros espacios, y ayúdanos a volvernos conscientes de las voces de lo Divino en nuestro interior que nos dirigen hacia nuestra liberación. Espíritu de la Mirra, estate con nosotros mientras nos elevamos».

Enfleurage de lila: *Véase* más arriba.

Aceite esencial de jazmín: *Véase* el cap. 2

Aceite esencial de yuzu (*Citrus junos*): El yuzu, originario de China y que se encuentra por toda Corea y Japón, es un híbrido de la mandarina y el *Citrus cavaleriei*. El yuzu tiene unas potentes propiedades antioxidantes debido a la vitamina C y el limoneno, que son agentes neutralizantes que captan los radicales libres y reducen la inflamación. Al igual que todos los cítricos, el yuzu corta y despeja cualquier bloqueo u obstrucción de nuestros caminos y los allana. Es de ayuda para calmar la ansiedad, sustenta y fortalece nuestros nervios y nuestro sistema nervioso, alivia el dolor y mejora el tiempo de recuperación después de los problemas de salud y los emocionales. «Espíritu del Yuzu, que abres nuestros caminos y allanas nuestras sendas, asístenos mientras expresamos alegremente quiénes somos y cómo amamos y vivimos en nuestro cuerpo. Espíritu que sustenta y fortalece nuestros nervios, que alivia nuestros dolores y nuestras cargas, y que respalda nuestra recuperación inmediata de los problemas, estate con nosotros mientras nos reclamamos plenamente y celebramos todas nuestras diferencias singulares».

Aceite esencial de bergamota: *Véase* el cap. 2.

CAPÍTULO 6

VELAS Y LUCES ESPIRITUALES

Las artes de disponer la luz ceremonial

La luz posee cualidades como fuerza dadora de vida y sustentadora de la vitalidad, como símbolo de la claridad y de nuestra capacidad de visualizar y ver, además de como representación de energía, combustible, expansividad e iluminación interior, y todas ellas están presentes en los trabajos con velas. Mientras avanzamos juntos por este capítulo, profundizaremos en distintas formas, métodos y recetas utilizados para la elevación, la protección y las bendiciones para nosotros mismos y para nuestros seres queridos.

Los colores de las velas y sus significados

Blanco: Iluminación, evolución hacia el interior, ascensión, bendiciones, paz, armonía, sanación, energías relajantes y calmantes, reflexión de la negatividad, purificación, protección, claridad mental y de propósito.

Rojo: Pasión, energía, comportamientos orientados a la acción, protección, combatividad, vitalidad, fortaleza, deseo, arraigo, poderes de la sangre, suerte, intimidad sexual y amor romántico.

Naranja: Apertura de caminos, creatividad, fertilidad, espontaneidad, mutabilidad, flexibilidad, visiones/augurios/sueños adivinatorios, acabar con adicciones.

Amarillo: Fuerza de voluntad, acabar con adicciones, fortaleza, marcarse propósitos y prácticas devotas, tesoros, regalos, prosperidad financiera, alegría, felicidad, actitud positiva, energía solar, atraer bendiciones y buenos Espíritus, amistad, desarrollo de la comunidad e implicación en ella.

Verde: Dinero, riqueza, disponer de recursos y de comida en la mesa, cosecha abundante, empleo y trabajo constante, victoria y éxito en los negocios, sabiduría del corazón, conexión equilibrada con nosotros mismos y con los demás.

Azul: Restauración, compasión, amabilidad, generosidad, sustento, sanación, confianza, fidelidad, conocimiento, percepción, transmisiones y comunicaciones invisibles, viajes astrales en sueños, el misterio o la naturaleza no vista de la existencia.

Púrpura: Realeza, soberanía, maestría, éxito, ambición, dominancia, conexión con los reinos elevados, mensajes iluminados, sueños proféticos, experiencias visionarias, liderazgo.

Rosa: Primer amor, enamoramientos, reconciliación, enamoramiento platónico de un amigo, sobriedad, conexiones emocionales, intimidad física, soñar despierto, sanar, suavizar, endulzar.

Negro: Revertir, expulsar, rechazar, intenciones negativas, expresiones de profunda pena y asuntos de valía, hechicería, dolor, fuerzas negativas, desterrar.

Marrón: Asuntos legales, tratos en los tribunales, firma de contratos, asuntos relacionados con la ley, inmigración, agencias gubernamentales y jueces, adjudicación y arbitraje.

Oro: Manos afortunadas y suerte del jugador, ganar dinero a manos llenas (haciéndote rico), poder, control, tener las cosas al alcance de la mano, tener y amasar riqueza, placer.

Plata: Espiritualidad, Luna y asociaciones lunares, agua, energías mercuriales, talentos y desarrollo paranormales, fuerza y fortaleza emocional, percibir lo no visto.

Vela de color rojo sobre negro («para descruzar y revertir el amor»): Esta combinación se considera una vela de doble acción, lo que significa que hace dos cosas al mismo tiempo. El rojo desbloquea nuestra vida romántica y el negro devuelve las cosas a su fuente.

Vela de color blanco sobre negro («para purificar, sanar y revertir»): En esta combinación, el color blanco aborda la purificación, la sanación y nuestra propia protección, y el color negro devuelve a todas las fuerzas negativas a su origen.

Vela de color verde sobre negro («para la limpieza económica y la reversión»): En esta combinación, el color verde representa la limpieza de adversidades económicas, la mala suerte y los bloqueos, y el color negro hace que estas cosas regresen a su remitente.

Vela de color negro sobre rojo («para revertir»): Ésta es una luz universal que revierte las cosas y que devuelve todas las energías y fuerzas negadoras a sus fuentes.

Adivinación con los restos: El arte de interpretar las velas

Parte del ser un maestro en cualquier arte u oficio es la presencia y la conciencia necesaria para refinar el arte. El quemado de velas, al igual que otros artes efímeros, consiste en más que sólo encender la vela y dejar que arda. La vela se convierte en un medio y un conducto a través del cual el hechizo o la ofrenda se canaliza energéticamente. A medida que nos vamos alineando con los movimientos energéticos sutiles en este proceso, las señales adivinatorias y los augurios suelen comunicarse a lo largo del quemado de la vela. Es una instantánea de un momento de energía, un breve momento en el que la creación está respondiendo a nuestros trabajos. Al igual que con todas las formas de experiencia adivinatoria, podemos volvernos excesivamente conscientes y distorsionar todo interpretando que se trata de una señal o un presagio. Con mayor frecuencia que a la que la mayoría de los practicantes les gusta admitir, la calidad de sus velas es inferior, ya que, en su conjunto, los productos fabricados para la hechicería y la Brujería son tratados como ocurrencias de último momento.

¿Cómo podemos interpretar las velas conociendo esta información? El discernimiento y el sentido común desempeñan papeles vita-

149

les en estas prácticas porque debes ser consciente en esta realidad antes de empezar a trabajar con ninguna otra. Si notas que la mecha o pabilo está desviado hacia un lado, que la cera ya está derretida en la vela antes de comprarla, o si la vela está cubierta de una gruesa capa de polvo y suciedad, todos esos signos apuntan a que el quemado será malo.

Una vez más, usa esta información como guía de significados sugerentes frente a la «verdad» absoluta. Os animo a todos a investigar más sobre vuestras interpretaciones familiares, comunitarias, regionales y culturales de las señales y los símbolos.

Teniendo esto presente, a continuación expongo algunos patrones que he visto a lo largo de los años y los significados que he captado tanto de maestros como de asociaciones personales (el universo te hablará con las señales que conoces). Antes de que empieces a interpretar los signos externos de la vela, observa las sensaciones que desprende desde el punto de vista de la energía, de las emociones y la intuición. Intenta percibir al Espíritu que emana que está expresándose a través de las imágenes.

La calidad del quemado de la vela

Quemado limpio: En el caso de las velas en contenedores de vidrio, un quemado limpio se da cuando no hay marcas ni residuos en el vidrio ni en la parte inferior del contenedor. Esto es similar en el caso de las velas que se sostienen de pie solas en las que no quedan restos de cera ni herbales tras completarse su quemado. Significado: resultados favorables, las cosas están alineadas con tu petición o intención, manifestación de tu deseo.

Neblina u hollín en el vidrio:
- **Entre blanco y gris:** Ligera confusión, falta de concentración, asuntos relacionados con la claridad que pueden estar oscureciendo la información o los resultados que estamos buscando, una sensación general de que vamos en la dirección correcta pero que hay energías dispersas, ansiedad, te sientes descentrado.

- **Gris oscuro:** Resistencia, bloqueos y sentimientos de restricción o limitación de posibilidades y circunstancias.
- **Negro:** Intensa resistencia a la intención o la petición, energías oposicionistas, negatividad rodeando a la situación, posibilidades de no alcanzar el objetivo. Piensa en hacer algo de trabajo de limpieza y purificación para superar estas circunstancias y prueba con este trabajo de nuevo.
- **Residuos herbales:** Sugieren que hay personas, energías y circunstancias que son bloqueos físicos y que, literalmente, bloquean el camino. Estos residuos representan cosas que están dispuestas a ser transformadas o apegos que están afectando al progreso.
- **Purpurina u otras cosas:** En términos de la adivinación, la purpurina que queda indica distracciones o asuntos relativos a la concentración, viéndote literalmente distraído por el brillo y el resplandor del mundo (no soy un gran defensor de la purpurina en las velas, ya que puede quedarse pegada fácilmente a la mecha y provocar un quemado horrible).

La llama crepita y chisporrotea: Representa al Espíritu o que los linajes de nuestros antepasados están presentes en la habitación y escuchan nuestras peticiones.

La llama asciende y desciende: La persona o las personas que son el objetivo del trabajo perciben inconscientemente lo que está sucediendo. Puede haber algo de resistencia parcial o ligera procedente de la persona implicada, y es necesaria más adivinación para comprender esto en el contexto de todo el quemado de la vela.

La llama se apaga sola: Potentes energías oposicionistas que representan a personas o fuerzas que luchan contra el trabajo y, literalmente, «apagan tu luz». Yo llevaría a cabo un intenso trabajo de destrucción de bloqueos y lo volvería a intentar.

La llama queda ahogada: No disponer de los recursos, la resistencia o la energía física para completar la tarea, además de sentirse «ahogado» por la labor necesaria para transformar las circunstancias.

Formas en los charcos de cera: Frecuentemente aparecen formas en los charcos de la cera restante, y pueden consistir en imágenes físicas de cómo están las cosas en el trabajo. Corazones, rostros, llaves, cuchillas y dinero son figuras comunes en los quemados de las velas, y la posición y el estado del símbolo pueden proporcionarnos pistas adicionales sobre el significado.

Chorros de cera: En las velas que se aguantan solas de pie, la cera puede empezar a fluir y, dependiendo de su dirección, estos riachuelos pueden «leerse». Si fluye hacia la petición, las fotos o los objetos relacionados con el objetivo, estas señales son positivas, pero si fluyen alejándose de ellos o parte visualmente estos objetos, eso indica alguna negatividad o que las cosas fluyen en una dirección negativa.

Se emite un humo negro en el caso de las velas que se aguantan de pie solas: Fuerzas no vistas o no reconocidas que actúan en oposición al deseo.

Grietas y quebraduras: Pueden ser una indicación de que la vela ha recibido el «golpe» o ha bloqueado algo que estaba a punto de suceder. Generalmente indica la necesidad de retirarse, readaptarse y plantear otras formas de alcanzar el objetivo.

Ubicación en la vela

En la parte superior: Cuando las señales aparecen en la parte superior de la vela, pueden apuntar a problemas con la cabeza física, mental, emocional y espiritual o con nuestra conciencia. A veces, representa situaciones o circunstancias pasadas que estamos superando, además de lo que está en la superficie o en el parte visual superior de las situaciones. Percepción sensorial de las cosas.

En medio: Las señales en medio del quemado de una vela o que haya restos que queden en medio de una vela en un contenedor de vidrio representan una comunicación tensa, cosas que están sucediendo en ese momento. También puede señalar circunstancias que se estén dando en medio de nuestro cuerpo (pecho, corazón, pulmones, etc.). Percepción interior, instinto visceral y conocimiento intuitivo.

En la parte inferior: Representa lo que se encuentra en la raíz o el fondo de la situación y también puede indicar hacia dónde se dirigen las cosas. Cuando aparecen restos del quemado de la vela en la parte inferior, señala problemas del pasado que nos están siguiendo hacia el presente y el futuro: patrones, conductas, adicciones o limitaciones que moldean la forma en la que vemos el mundo. Si se trata de una petición relacionada con la salud, busca problemas en los pies o las piernas (lesiones, edema, parásitos, etc.). Base para las formas en las que vemos, percibimos, sentimos y vemos intuitivamente el mundo y nuestro entorno.

En la parte delantera: Circunstancias que están sucediendo frente a nosotros de las que somos plenamente conscientes y en las que estamos involucrados. Hay cosas que están sucediendo en un primer plano. Obtener una interpretación más redonda de la señal dependerá de en qué lugar de la parte delantera de la vela esté apareciendo (en la zona superior, en medio, en la parte inferior o en los lados).

En la parte trasera: Circunstancias de las que no somos conscientes o no vistas, o circunstancias que están fuera de nuestras percepciones o capacidad de comprensión y que desempeñan un papel en nuestras decisiones. Cosas que están sucediendo en segundo plano.

En el lado derecho: Las acciones, los comportamientos o las energías que estamos transmitiendo están implicadas en las circunstancias. Linajes paternos, asociaciones solares, cualidades del yang (órganos huecos como el estómago, los intestinos, la vesícula y la vejiga).

En el lado izquierdo: Patrones de pensamiento, reflexiones, experiencias emocionales, el mundo interior y nuestros procesos. Linajes maternos, asociaciones con la luna, cualidades del yin (órganos sólidos como el corazón, los pulmones, el hígado y el bazo).

PROCEDIMIENTOS PARA LAS VELAS

Éste es el orden que empleo para las velas en contenedores de vidrio. Los pasos de grabar algo y cargar se invierten en el caso de las velas que se aguantan de pie solas. Para revertir el trabajo, se añade un paso extra antes de cargar, que consiste en usar el «culo» de la vela («desenterrar» el extremo del pabilo que se encuentra en la parte inferior de la vela y usarlo como la parte superior de la misma).

Limpiar y honrar

Véase «Procedimientos para todas las recetas, hechizos y rituales del libro» en el capítulo 1 para conocer todo el procedimiento.

Redacción de una petición

Una petición es una intención o una oración por escrito que unifica los ingredientes y da voz al objetivo del trabajo. Hay muchos tipos y variaciones de redacción de una petición en la Brujería, y la forma que se menciona a continuación puede emplearse universalmente. Si quieres ponerte verdaderamente sofisticado, haz un collage con imágenes que representen el objetivo y escribe el texto encima.

Cosas que deben tenerse presentes:

- ¿Cuál es el objetivo o el foco del trabajo?
- Escribe desde tu corazón y con un lenguaje sencillo y claro.
- Emplea un lenguaje orientado a la acción en lugar de uno pasivo.
- Sé breve y ve al grano (un párrafo como máximo).

Petición narrativa

Tal y como su nombre indica, este tipo de redacción de una petición consiste en crear una historia sencilla sobre lo que quieres conseguir como resultado del trabajo. Las Brujas abordan esto creando una frase elegante que resuma la totalidad del deseo y luego repiten esta frase un número impar de veces (tres, cinco, siete o nueve).

- El tres abre posibilidades, sale de las encrucijadas, comunica a las Divinidades lo que hay en nuestro corazón.
- El cinco es un número de manifestación, de la capacidad de expresar las cosas para que se conviertan en realidad.
- El siete es un número de armonización espiritual que alinea el conocimiento intuitivo y la conciencia consciente.
- El nueve abre las verjas del mercado, el comercio y los cambios espectaculares.

Escribe un párrafo con un número impar de líneas (hasta nueve), hablando para que se cumpla el objetivo.

A continuación, escribe tu nombre completo (la forma en la que normalmente te identificas) en líneas en diagonal desde la esquina superior derecha del papel hacia la esquina inferior izquierda, cruzando el texto que acabas de crear. Esto indica tu participación en la creación del cambio que estás buscando, además de dirigir y gobernar las energías hacia donde es necesario que vayan (tomar el control de la situación).

Ahora puedes dibujar símbolos o sellos que representen tu deseo (corazones para el amor, signos del dólar para el dinero, etc.) en cada una de las cuatro esquinas con sus direcciones apuntando hacia el centro del papel, llevando así literalmente las energías desde los cuatro rincones del mundo hacia el trabajo.

A algunas Brujas les gusta esparcir una pizca de la mezcla de hierbas que usan para cargar y preparar sus velas en el centro del papel y ungen las cuatro esquinas y el centro del papel con aceites mágicos adecuados para el objetivo.

Ahora puedes doblar la petición hacia ti (para atraer fuerzas a tu vida) o en dirección contraria a ti (para eliminar o repeler energías) tres veces, lo que simboliza entrar en una nueva posibilidad, camino o dirección. Por último, la petición puede pegarse a la vela o colocarse debajo de ella mientras arde.

Este tipo de redacción de una petición también puede introducirse en amuletos o bolsas de medicina, sujetarse con un imperdible a la ropa, llevarse en un zapato o incluso meterla en una almohada para tener un sueño reparador.

Preparar y cargar

Preparar o cargar hace referencia a los pasos que se dan para añadir ingredientes, polvos y aceites herbales a un objeto, y en concreto en velas, en esta sección. Como parte de cada trabajo abordaré cómo preparar y cargar individualmente las velas para el hechizo adecuado.

Grabar sellos y símbolos

Después de añadir las cargas, puedes grabar o tallar símbolos y sellos en la cera (en las velas que se aguantan de pie solas) o dibujarlos en el vidrio con rotuladores, témperas u otros materiales. La razón por la cual lo harás en este orden es que, si grabas o dibujas primero, hay posibilidades de que esos símbolos se emborronen o desaparezcan una vez que hayas preparado las cosas.

Unciones finales

A veces, a las Brujas les gusta ungir las velas con una gota o dos de aceite y frotar sobre la vela (si es de las que se aguantan solas de pie) cualquier hierba que pueda haber quedado o espolvorearlas por encima de la misma (si es una vela en un contenedor de vidrio).

Cargar/Rezar

Después de este trabajo, no olvides rezar sobre la vela, darle sus instrucciones y repetir la petición, escupir a la vela y soplar tres veces sobre ella para darle vida.

Sellar y golpear

Como forma de completar el rito e indicar que la vela está completa, cargada y totalmente viva, golpéala suavemente tres veces contra el suelo o contra cualquier superficie dura cercana (una mesa, un escritorio, etc.).

Recortar la mecha

No puedo hacer el suficiente hincapié en lo esencial que es que recortes el pabilo, ya que afecta enormemente al quemado. Esto ayuda que la cera ascienda homogéneamente por la mecha y, además, podemos evitar el 80 % de los problemas de hollín si el pabilo se cuida y se recorta regularmente. Conserva esos recortes, ya que puedes reutilizarlos si alguna vez tienes que volver a poner una mecha en una vela defectuosa.

Encender la vela y pasar tiempo con el trabajo

Has dedicado bastante tiempo a la creación del hechizo, y este siguiente paso es la perdición de la mayoría de los practicantes. De hecho, no tienes que, simplemente, encender la vela, sino pasar tiempo meditando con ella, hablándole, rezándole e incluso reproduciendo música y bailando. Cualquier forma en la que puedas relacionarte con el trabajo y llevarlo a tu vida hará que sea más eficaz y le proporcionará una verdadera oportunidad de poner de manifiesto tu deseo.

Apagar la vela y regresar al trabajo

Intenta hacer que la vela queme por segmentos por lo menos entre tres y cuatro horas de cada vez. Esto asegurará un quemado físico exitoso y también le proporcionará tiempo para desplegarse y crecer desde el punto de vista de la energía. Cuando necesites apagar la llama, usa un apagavelas o déjala sin oxígeno tapando la abertura con un plato o un vaso, lo que simboliza que el hechizo no ha acabado y que puedes regresar a él. Si te olvidas y la apagas soplando accidentalmente, no te preocupes: yo lo hecho algunas veces y no es algo que afecte drásticamente al resultado.

Volver a colocar una mecha

Debido a la calidad, además del temperamento, en cuanto a la energía, del quemado, la vela puede tener dificultades para mantenerse encendida. En esos casos, el volver a poner un pabilo es un truco útil, especialmente después de haber dedicado tanto tiempo a encantarla. Empleando los recortes de mecha y una brocheta o cualquier otro objeto puntiagudo, crea un agujero cerca del pabilo original y coloca un único recorte de mecha al lado. Intenta asegúrate de que la mecha secundaria sea estable y esté bien ubicada o se caerá y no será útil en absoluto.

Trabajo con la vela Ánima Sola (inspirado en Ecuador): Libertad frente al purgatorio emocional, respaldo para el trastorno por estrés postraumático (TEPT)

El objetivo de este trabajo es el de identificar y liberar historiales de traumas pasados al tiempo que reafirmamos el viaje interior de sanación. La carga herbal procede de una Curandera ecuatoriana que trabaja principalmente con la pérdida y la recuperación del alma en comunidades de migrantes. Las siete hierbas con las que trabaja son difíciles de encontrar en Estados Unidos, y sólo he trabajado con las tres más fáciles de encontrar fuera de Ecuador. También es difícil encontrarlas frescas en Estados Unidos para fines de limpias directamente sobre el cuerpo, al igual que sucedía con la intención de la escoba de hierbas original, y se me ha dado permiso para modificar la fórmula para mi trabajo. *Nota:* Si estas hierbas son difíciles de encontrar en tu región, *véase* la receta del Perfume para sanar el maltrato en el cap. 5 para encontrar elementos botánicos con unas correspondencias similares.

Vela Ánima Sola en un contenedor de vidrio	prodigiosa (cap. 2)
	frescura (cap. 4)
Agua Florida (cap. 2)	petición
chilca	Perfume para sanar el maltrato
muña	(cap. 5)
capulín	cuchillo para mantequilla
Viburnum alnifolium	plato o bandeja pequeño
hojas de hibisco	

Vela Ánima en un contenedor de vidrio: Representa nuestro deseo de vernos liberados de todos nuestros traumas, heridas y desencadenantes y de todos los comportamientos que nos mantienen aislados de nuestros recursos para sanar y de nuestras comunidades. La imagen en la vela es la de una mujer solitaria rodeada de llamas y encadenada que grita para que la ayuden y la liberen.

Agua Florida: Usada para limpiar física y espiritualmente la vela y nuestros instrumentos.

Chilca (*Baccharis latifolia*): La chilca, originaria de Ecuador, Bolivia, Argentina, Colombia, Perú, Uruguay y Chile, tiene unas maravillosas propiedades antiinflamatorias al usarse externamente (los Ancianos machacaban las hojas, preparaban una cataplasma y la aplicaban por vía tópica en los lugares en los que había fracturas óseas para ayudar a eliminar la inflamación y asegurar la reparación del hueso). La chilca también se ha usado para tratar la diarrea recurrente y los dolores digestivos extremos. En las limpias, las ramas de la planta se cortan y se añaden a varias otras especies botánicas para obtener una escoba medicinal que se usa para barrer el cuerpo y eliminar la enfermedad y los trastornos negativos. La chilca trata el mal aire (aire malo o malvado, que consiste en condiciones ambientales negativas parecidas a las miasmas), el espanto o susto (shock grave o la sensación de sentirnos incorpóreos debido a la tragedia o el trauma) y el mal prójimo (ser señalado y maltratado intencionadamente por nuestros «vecinos» o aquellos más cercanos a nosotros). «Chilca, Espíritu de profunda sanación y recuperación del alma, ayúdanos a romper todas las limitaciones y las cadenas que nos mantienen encerrados en la oscuridad. Espíritu Sanador, ayúdanos a liberarnos de todas las viejas grabaciones de los traumas, y a dejar de revivir los recuerdos de los malos tratos. Gran Espíritu Ayudante que reanima nuestro Espíritu y vuelve a infundir vida en nuestro cuerpo, estate con nosotros y atráenos hacia los recursos que necesitamos para nuestra recuperación y sanación completa».

Muña (*Minthostachys mollis*): La muña, que es similar a la chilca, es originaria de Sudamérica, y las comunidades indígenas la han usado medicinalmente para el tratamiento de dolencias pulmonares como la tos y la bronquitis; las úlceras de estómago, la gastritis, los calambres digestivos y los dolores de cabeza; y es un antiparasitario y un carminativo (es una hierba que ayuda a expulsar gases) que proporciona apoyo digestivo. Espiritualmente, la muña limpia agujeros en nuestras auras de energía provocadas por el mal aire, nos ayuda a regresar a nuestro cuerpo tras un gran shock o una pérdida, y nos ayuda a identificar comportamientos inconscientes cíclicos. «Espíritu de la Muña, respáldanos mientras reclamamos una salud y victoria completas sobre todo lo que nos perturba. Ayúdanos a volver a conectar con nosotros mismos, nuestra vida y nuestras comunidades, y sella y fortalece nuestros campos de energía y nuestras auras. Espíritu de la Muña, asístenos mientras identificamos comportamientos cíclicos y ayúdanos a tomar decisiones conscientes que nos harán avanzar en nuestra elevación. Estate con nosotros, Muña».

Capulín (*Prunus serotina*): El capulín, originario de Sudamérica, Centroamérica y el este de Norteamérica, también recibe el nombre de cerezo criollo o cerezo negro americano, y tiene propiedades expectorantes y ligeramente sedantes. Como infusión herbal se ha usado para tratar fiebres, resfriados e irritaciones de garganta, y para aliviar el dolor de las primeras fases del parto. Como ayudante espiritual, el capulín unifica las dualidades espirituales, mentales y emocionales, atrae la luz y la iluminación a los rincones oscuros de nuestra mente y Espíritu, y representa la longevidad y la inmortalidad. «Capulín, ayúdanos a reclamar nuestra plenitud, y asístenos en la unificación de todas las partes de los Espíritus y la conciencia mientras avanzamos hacia la recuperación completa. Espíritu de la iluminación y la luz, aparece en nuestro Ser y brilla en nuestras partes más profundas, oriéntanos mientras nos empoderamos y encarnamos la plenitud de quienes somos. Espíritu del Capulín, tranquiliza nuestros nervios y calma nuestro corazón, sé nuestro aliado en este trabajo y estate continuamente con nosotros».

Viburnum alnifolium: El *Viburnum alnifolium* (en inglés tiene un nombre común que se traduciría como «cordón del diablo»), originario de Norteamérica, es un arbusto que forma parte de la cubierta vegetal y que tiene propiedades medicinales que alivian los calambres, los espasmos musculares y los dolores menstruales. También es un estimulante de los riñones que se usa para los problemas que implican dolor y espasmos. Metafísicamente, el *Viburnum alnifolium* termina con toda forma de negatividad y con los «demonios» que nos están afectando o bloqueando nuestro camino (imagina un arbusto estrangulador que se envuelve alrededor del mal y lo amarra). «*Viburnum alnifolium*, amarra y atrapa todo mal, negatividad e impulsos negativos en nosotros, nuestro hogar y nuestros espacios. Espíritu que protege y cuida, vigila nuestras puertas de entrada y umbrales y elimina todos los bloqueos, obstáculos y energías estancadas que intentan impedir nuestra plenitud y belleza. Estate con nosotros, *Viburnum alnifolium*, y permanece continuamente y fuerte en nuestra vida».

Hibisco (género *Hibiscus*): Las variedades *Hibiscus roselle* o *Hibiscus sabdariffa*, variedades comestibles originarias de las regiones templadas, tropicales y subtropicales de todo el mundo, son las especies botánicas más comúnmente empleadas en la cocina y la Brujería. Las hojas de hibisco, que se sabe que ayudan a reducir la temperatura corporal y tratar la presión sanguínea alta y la diabetes, tienen propiedades astringentes y emolientes. Las flores están metafísicamente relacionadas con la intimidad, la sensualidad, las conexiones profundas y la lujuria, mientras que las hojas se emplean en exorcismos y ceremonias de expulsión. «Espíritu del Hibisco, flor del deseo, la conexión, la intimidad y el placer físico, buscamos tu ayuda para invocar a todas estas energías con rapidez e inmediatez. Con tu potente color que tiñe todo lo que tocas, acaricia a nuestros corazones, conecta nuestros Espíritus y atráenos hacia las bendiciones que invocamos. Espíritu del Hibisco, estate presente en nuestro trabajo».

Prodigiosa: *Véase* el cap. 2.

Frescura: *Véase* el cap. 4.

Perfume para sanar el maltrato: Se usa aquí como respaldo energético para sanar casos de malos tratos, violencia y trauma emocional.

Procedimiento

1. Limpia exhaustivamente la vela y tus instrumentos.
2. **Sellado:** Unge las cuatro esquinas del plato con tu perfume mientras rezas en voz alta y pronuncias la petición.
3. **Escribir la petición:** Escribe una petición siguiendo las instrucciones que aparecen más arriba y luego colócala en medio del plato.
4. **Crear la carga:** Mezcla los elementos botánicos, emplea una pequeña salpicadura del perfume para que todo se humedezca ligeramente y luego reza y pronuncia tu petición en voz alta.
5. **Cargar:** Empleando el cuchillo para mantequilla, talla cuidadosamente un bolsillo en el que puedas colocar la carga (generalmente escarbo cinco centímetros en vertical y cinco centímetros hacia el interior para crear este bolsillo). A continuación, añade la mezcla y luego echa otra pequeña salpicadura del perfume y pronuncia tu petición en voz alta y, por último, vuelve a colocar el trozo de cera que habías retirado de la vela. Finalmente, rezarás y pronunciarás tu petición una última vez, respirarás tres veces sobre la vela, la golpearás tres veces (contra el suelo o una superficie dura, para unificar tus deseos y sellar las magias en el interior de la vela), recortarás el pabilo y colocarás la vela sobre el papel con la petición en medio del plato.
6. **Encendido:** Ahora estás listo para encender la vela y volver a rezar y pronunciar tu petición y tus intenciones en voz alta mientras visualizas que la llama de la vela es absorbida en tu conciencia y tu Espíritu. Como parte de este proceso, estás imaginando que la llama te orienta de vuelta a tu sensación de seguridad, confianza y

plenitud. Recuerda que cuando apagues la vela debes hacerlo con un apagavelas.

7. **Eliminación:** Una vez que la vela haya acabado de arder, dale las gracias, limpia cualquier residuo del quemado y recíclalo junto con el papel con la petición.

Lámpara para la aprobación de la solicitud de nacionalidad

lámpara de aceite	hoja de vainilla (cap. 5)
Agua Florida (cap. 2)	*Trillium pendulum*
cáscara sagrada (cap. 4)	petición
galanga mayor (cap. 5)	aceite de oliva (cap. 6)
jalapa (cap. 5)	aceite para lámparas
sello de Salomón	

Lámpara de aceite: Algunas de las primeras civilizaciones produjeron luz con lámparas a lo largo de milenios, y como resultado de ello se crearon tradiciones y asociaciones mágico-espirituales para usarlas. Como combustibles populares para las lámparas tenemos el aceite, el queroseno, la mantequilla, la manteca, los aceites vegetales y prácticamente cualquier tipo de líquido inflamable.

Cáscara sagrada: *Véase* el cap. 4.

Galanga: *Véase* el cap. 5.

Jalapa: *Véase* el cap. 5.

Sello de Salomón (*Polygonatum biflorum*): El sello de Salomón, que es originario de prácticamente todo el hemisferio norte, tiene propiedades astringentes y antiinflamatorias (es realmente genial para fortalecer al tejido muscular y el conjuntivo en el caso de actividades repetitivas: dolencias como el síndrome del túnel carpiano o el codo de tenista); como ayudante medicinal trata infecciones pulmonares y respiratorias, y aplicado por vía tópica trata cardenales, úlceras, forúnculos, hemorroides, rojeces en la piel y el edema (retención de agua). Espiritualmente, el sello de Salomón nos conecta con la sabiduría iluminada y atrae a aliados para que nos ayuden. Al trabajar con asuntos legales, el sello de Salomón atrae la victoria y el éxito mientras alineamos los sistemas de los tribunales con nuestros deseos. «Espíritu del Sello de Salomón, ayúdanos en nuestro momento de necesidad y apoya nuestra victoria y nuestro éxito. Espíritu del consejo sabio, el discernimiento y la sabiduría, ayúdanos a encarnar estas cualidades, y sé coronado con las respuestas a cualquier pregunta hecha y con el conocimiento completo necesario para completar el proceso exitosamente. Estate con nosotros, Sello de Salomón, mientras nos empoderamos con los recursos necesarios para vencer».

Hoja de vainilla: *Véase* el cap. 5.

***Trillium pendulum*:** Todas las especies de Trillium se originaron en Norteamérica y Asia, y esta variedad concreta se ha usado para tratar el sangrado uterino posparto, y al aplicarla por vía tópica detiene las hemorragias externas y alivia las picaduras de insectos. Espiritualmente, el *Trillium pendulum* está relacionado con la victoria y el éxito en asuntos legales, y es una hierba dominante que asume el control de las situaciones. «Espíritu del *Trillium pendulum*, asístenos mientras asumimos el mando de este proceso, y ayúdanos a declarar una victoria y un éxito rápidos en cualquier asunto. Espíritu Maestro de todos los asuntos legales y gubernamentales, llévanos hacia defensores que puedan orientarnos a lo largo del proceso, y ayúdanos a convencer a todos los que lean estos documentos para que garanticen todas nuestras peticiones y solicitudes. Estate con nosotros, *Trillium pendulum*, y ayúdanos en este proceso».

Aceite de oliva: *Véase* más abajo.

Aceite para lámparas: Usado como la fuente de combustible para producir luz. Al igual que sucede con todas las sustancias empleadas en la magia, puedes rezarle y cargarlo con tus intenciones.

1. Limpia la parte exterior e interior de la lámpara de aceite y su cubierta de vidrio y déjalas secar.
2. **Redacción de la petición:** Usa una copia impresa de todo el papeleo legal, redacta la petición, reza y recita el deseo verbalmente, y unge la solicitud con aceite de oliva en cada una de las cuatro esquinas y en medio para sellar la intención en el documento, que colocarás bajo la lámpara mientras ésta arde.

3. **Carga:** Añade cada uno de los elementos botánicos, uno a uno, en la base de la lámpara y reza en voz alta y recita tu petición. A continuación, reza sobre el combustible y llena la lámpara con él. Por último, una vez que hayas añadido todos los materiales y el combustible, recita la petición y la plegaria una vez más y cierra la lámpara.

4. **Encendido:** Antes de encender la lámpara, asegúrate de que el papel con la petición se encuentre debajo de ella y luego recorta la mecha (sigue las instrucciones de la lámpara concreta que tengas). Ahora estarás preparado para encender la lámpara y recitar las oraciones y las peticiones una última vez.

5. **Quemado:** Este tipo de preparación de las llamas se conoce con el nombre de «Llama Eterna» porque puedes seguir llenando el reservorio con combustible durante tanto tiempo como haga falta para reclamar la victoria en este asunto.

6. **Eliminación:** Una vez que hayas logrado el éxito, limpia la base de la lámpara y entierra los ingredientes con respeto en una encrucijada o cerca de tu propiedad. Luego podrás reutilizar la lámpara para otro trabajo.

Vela de reversión de doble acción

Vela pilar de reversión negra sobre rojo	olotl
	aceite de oliva
Agua Florida (cap. 2)	Incienso de Resinas Sagradas
angélica (cap. 5)	(véase más abajo)
asafétida	espejo pequeño
ruda (cap. 2)	plato pequeño
albahaca (caliente) (cap. 2)	petición
pericón (cap. 2)	papel de horno

Vela pilar de reversión negra sobre rojo: El color negro revierte toda la negatividad y las maldiciones, y el color rojo atrae nuestras bendiciones.

Agua Florida: Aquí se emplea para limpiar la vela física y espiritualmente.

Angélica: *Véase* el cap. 2.

Asafétida (*Ferula assafoetida*): La asafétida se obtiene del látex seco de la raíz primaria del arbusto *Ferula assafoetida*, que originariamente se extiende desde el este de Irán hasta Asia central. En sus usos culinarios, la asafétida, al cocinarse, acaba dando lugar a un sabor parecido al de la cebolla o la chalota (si la olemos directamente de una bolsa o un frasco, la asafétida emite un aroma parecido al de un olor corporal bastante hediondo, y de aquí su nombre en inglés: «estiércol del demonio». Un truco de Bruja para eliminar el olor de la asafétida de los dedos y las manos consiste en lavárselas concienzudamente con agua y jabón y después rociar un poco de Agua Florida para romper la fragancia y las energías). Como medicina, actúa como relajante, neuroprotectora, potenciadora de la memoria, tónico digestivo, antiespasmódica, antioxidante, antimicrobiana y hepatoprotectora (refuerza la función hepática), y posee propiedades anticarcinogénicas. En el trabajo espiritual, la asafétida repele el mal y las intenciones malvadas, acaba con la mala suerte duradera y la negatividad dirigida intencionadamente hacia nosotros, al tiempo que es altamente protectora. «Espíritu de la Asafétida, respáldanos mientras repelemos y rompemos toda la negatividad y los patrones de pensamiento y las energías negativos, y expulsa todo el estancamiento y nuestra mala suerte, de nuestras familias y de nuestros espacios y vidas. Estate con nosotros, Asafétida, y eleva nuestra conciencia para identificar las fuentes de estas energías, y ayúdanos a medida que nos abrimos camino alrededor de ellas. Estate presente y sé fuerte en nuestro interior y alrededor de nosotros, Asafétida».

Ruda: *Véase* el cap. 2.

Pericón: *Véase* el cap. 2.

Olotl (*Zea mays*): El olotl es el corazón de la panocha de maíz, la mazorca después de retirar los granos. El maíz es una planta muy sagrada a lo largo y ancho de América, y tiene propiedades medicinales y espirituales, aparte de estar deliciosa. Cada parte de la planta del maíz posee unas cualidades únicas, y el polvo de la barba de maíz se ha usado para tratar infecciones de la vejiga, la inflamación del tracto urinario y de la próstata y los cálculos renales. El olotl, o corazón de la mazorca de maíz es, en el Curanderismo y la Brujería, un gran purificador (elimina venenos espirituales que se hayan absorbido o ingerido) y también es un ayudante espiritual para las mujeres que sufren de unos ciclos menstruales intensos y dolorosos (las limpias con olotl son comunes durante esos períodos). «Olotl, Corazón de la Mazorca de Maíz, ayúdanos mientras detoxificamos y eliminamos todos los venenos, toxinas, curas y brujería negativas, ya sean conocidas o desconocidas, de nosotros, nuestro cuerpo, nuestro corazón, nuestra mente y nuestro Espíritu, y protégenos a nosotros y a nuestras familias del mal. Medicina Sagrada y Espíritu de los Antepasados, respáldanos mientras encontramos nuestro equilibro y bendícenos con vitalidad y vida. Estate con nosotros, Olotl, y permanece en nuestro trabajo».

Aceite de oliva (*Olea europaea*): Los olivos, originarios de todo el Mediterráneo, tienen una gran historia solidaria por todo el mundo. Medicinalmente, las aceitunas y el aceite de oliva reducen los niveles de azúcar en sangre y los de colesterol y ácido úrico en el organismo, además de poseer propiedades antivirales (identifican y matar a las células infectadas antes de que se reproduzcan). Como defensor espiritual, el olivo está profundamente conectado con las divinidades y las emanaciones divinas. Se dice que el olivo simboliza la intensidad de nuestras prácticas devotas y nuestra capacidad de vernos subsumidos por la gracia (entrar en un estado de la nada), mientras que el aceite trae en sentido descendente la luz que emana del Creador y nos asienta en las sabidurías profundas de nuestro corazón (mis primeros maestros usaban aceite de oliva como base para preparar sus aceites mágicos para tratar trastornos debido a sus propiedades sagradas). «Espíritu del Aceite de Oliva, estate con nosotros mientras limpiamos y despejamos todas las energías, situaciones y personas que no atienden nuestros mejores intereses o que no tienen en mente, en el fondo de su ser, lo mejor para nosotros. Al igual que las aceitunas se prensan para obtener aceite, permite que todas las opresiones, dolores y sufrimiento se saquen y expriman de nosotros y de nuestros espacios de modo que podamos acercarnos más a la luz que emana del Creador y de nuestros Antepasados. Estate con nosotros, Aceite de Oliva, en nuestro corazón, nuestra mente y nuestro Espíritu, y permanece presente en nuestro trabajo».

Incienso de Resinas Sagradas: *Véase* https://ulyssespress.com/books/the-modern-art-of-brujeria como vínculo para obtener contenidos adicionales.

Espejo: Usamos espejos para reflejar y alejar a la gente y las fuerzas negativas de nosotros, además de en el trabajo de bendición para reflejar las energías positivas hacia el mundo (visualiza cómo un faro amplifica y refleja su luz).

1. Cada vez que empieces cualquier trabajo, primero limpia todos los ingredientes y herramientas.
2. Escribe la petición, dobla el papel tres veces en dirección opuesta a ti (lo que representa que envías toda la negatividad lejos de ti), sahúmalo con el Incienso de las Resinas Sagradas y colócalo sobre el plato.
3. **Consagrar el espejo:** Empleando aceite de oliva, unge las cuatro esquinas y el centro del espejo mientras pronuncias tu petición y tus plegarias, luego sahúmalo usando el Incienso de Resinas Sagradas (mientras vuelves a rezar) y, por último, coloca el incienso encima de la petición.
4. **Crear la mezcla de hierbas:** Usando la receta anterior, prepara un cuarto de taza de la mezcla, reza sobre ella con tu petición y sopla suavemente sobre ella tres veces para infundirle el aliento de la vida (siéntete con la completa libertad de molerla hasta reducirla a polvo si te apetece). Luego extiende un pedazo de papel de horno y esparce toda la mezcla sobre él.
5. **Haz rodar la vela:** Primero toma la vela y reza sobre ella para empezar a hacer que fluya la sustancia. A continuación, empápala en aceite de oliva (algunas Brujas son muy puntillosas con este paso: sostienen la vela por la mecha y pasan sus manos por la vela en sentido descendente hasta la base mientras visualizan toda la negatividad desplazándose desde su cabeza y siendo expulsada por sus pies) y rezan. Ahora, coloca la vela sobre el papel de horno y hazla rodar hacia delante y hacia atrás para que se peguen a la vela todas las hierbas y todo el bien mágico que ya has creado.
6. **Colocación:** Como último paso, primero coloca la vela sobre el Espejo. Un truco fácil para ayudar a que se mantenga de pie consiste

en calentar la base de la vela con un encendedor y luego posarla rápida y firmemente sobre el espejo (no te puedes imaginar la de veces que he estado a punto de quemar algo porque la vela se volcó porque no estaba firmemente asentada sobre el espejo). Después de colocarla, recoge el resto de tu mezcla de hierbas y espárcela formando un círculo en sentido antihorario (representa que las energías están yendo marcha atrás) mientras pronuncias la petición en voz alta y rezas.

7. **Encendido:** Mientras enciendes la vela, pronuncia la petición en voz alta y reza (esto es repetitivo por una razón: todas tus intenciones y plegarias se reiteran continuamente a lo largo del trabajo. La vela es como la batería, y tus intenciones son aquello que la batería alimenta). En este momento puedes tener el incienso encendido mientras rezas (otra forma de reiterar las intenciones y las plegarias). Tal y como se ha mencionado en los trabajos anteriores, no tienes que mantener la vela encendida todo el tiempo, pero recuerda apagarla sin soplar (yo he apagado soplando velas de hechizos y no he notado ninguna diferencia, pero me enseñaron a hacerlo así).

8. **Eliminación:** Este trabajo consiste en revertir la negatividad, y en ese sentido, los restos del quemado se consideran el excremento espiritual que acabas de exprimir fuera de tu cuerpo. Este caso es una de las únicas ocasiones en las que deberías tirar los restos a la basura, ya que no querrás tenerlos cerca, o enterrarlos en una encrucijada (un lugar en el que se crucen dos caminos que no señalen hacia tu hogar).

Tapa la Boca

El *Tapa la boca* cierra la boca a los chismosos y los entrometidos que están demasiado implicados en tus asuntos personales, y te ayuda a detener la difusión de rumores y mentiras.

limón (cap. 2)	aguja
alumbre	hilo
alcanfor (cap. 2)	aceite de oliva o Aceite Stop
lengua de suegra	Chismorreos
ruda (cap. 2)	plato pequeño
agrimonia (cap. 4)	cuchillo de cocina de sierra
vela banca en forma de campana china	papel de horno

Limón: *Véase* el cap. 2.

Alumbre: El alumbre es un compuesto mineral formado por un sulfato doble, sal y aluminio. Se usaba antaño como antitranspirante en los desodorantes, pero en la década de 1980 se descubrió que con el tiempo se volvía carcinogénico al aplicarlo sobre la piel. En esta receta, se usa el alumbre para provocar el fruncimiento de la boca del chismoso y así mantenerla cerrada. «Espíritu del Alumbre, asístenos mientras cerramos las bocas de todos los entrometidos conocidos y no conocidos. Elimina nuestro nombre de sus lenguas y cállalas. Sé fuerte y estate presente en este trabajo, Espíritu del Alumbre».

Alcanfor: *Véase* el cap. 2.

Lengua de suegra (*Dracaena trifasciata*): La lengua de suegra, originaria de las regiones tropicales de África occidental desde Nigeria hasta el Congo, es una planta casera «ornamental» (sólo para la gente que no está implicada en el mundo de la magia) frecuente en América y Europa. En estudios recientes llevados a cabo por la NASA, la lengua de suegra ha mostrado que filtra una gran cantidad de contaminantes del aire y que ayuda a reoxigenar espacios. En la medicina tradicional malaya, se machaca para obtener una cataplasma para tratar el dolor de oídos, las fiebres, los forúnculos y las hinchazones. Espiritualmente, está conectada con las energías de las cuchillas y las espadas, pues corta los nudos de energía y rompe las ataduras negativas, siendo también muy protectora y una guardiana del hogar. «Espíritu de la Lengua de Suegra, Espada de la Verdad, la Justicia y la Protección, ayúdanos a cortar las lenguas de los chismosos maliciosos y muéstrales los resultados de sus acciones. Lengua de Suegra, protégenos del lenguaje falso e hiriente y elimina nuestro nombre de las bocas de quienes querrían entrometerse en nuestros asuntos. Espíritu de la Lengua de Suegra, sé fuerte y estate presente y atenta en este trabajo».

Ruda: *Véase* el cap. 2.

Agrimonia: *Véase* el cap. 4.

Vela blanca en forma de campana china: Estas velas miden 10 centímetros de largo y 1,25 centímetros de grosor y duran encendidas entre dos horas y dos horas y media.

Aguja e hilo: Cortarás el limón por la mitad, lo cargarás y luego lo coserás con el hilo, simbolizando así que la boca del chismoso ha sido cosida para cerrarla.

Aceite de oliva o Aceite Stop Chismorreos: Puedes encontrar Aceite Stop Chismorreos en la mayoría de las tiendas que venden hierbas y amuletos para la práctica de la santería y de los comercios de productos metafísicos y espirituales, y también puedes usar aceite de oliva.

1. Limpia y purifica todos los ingredientes.
2. Escribe tu petición: Toma una pequeña tira de la lengua de suegra y escribe tu petición en ella, unge con aceite mágico para tratar el problema cada una de las cuatro esquinas y el centro de la tira y apártala a un lado.
3. Cortar y cargar el limón: A continuación, unge el cuchillo con el aceite mágico mientras recitas la petición en voz alta y corta el limón por la mitad (esto representa cortar las lenguas de los chismosos y de aquellos que hablan mal de ti). Ahora carga cada uno de los ingredientes y el aceite mágico en cada mitad del limón mientras rezas. Por último, retuerce la tira de hoja de lengua de suegra que habías apartado a un lado y une ambas mitades del limón con una brocheta.
4. Coserlo para cerrarlo: Enhebra el hilo en la aguja y unge todo el hilo con aceite mientras rezas para que quienes chismorrean cierren la boca y la mantengan cerrada. Ahora cose el limón para volver a unirlo mientras rezas.
5. Cargar y hacer rodar la vela: De forma similar al caso de la Vela de Reversión de Doble Acción, unge la vela con el aceite mientas desplazas las manos en sentido descendente hacia la base (recordando imaginar que todo el chismorreo y la negatividad son expulsados

del cuerpo) y reza. A continuación, haz rodar la vela sobre las hierbas y los minerales restantes.

6. Quemado de la vela: Después de haber preparado la vela y de rezar sobre ella, enciéndela y usa la cera que gotea para sellar todo el limón (en un determinado momento, se volverá difícil tenerla en la mano, y puedes sostenerla sobre las costuras que se le acaban de hacer al limón para completar el resto del quemado de la vela).

7. Eliminación: Después de que la cera se haya secado, lleva el limón a una masa de agua en movimiento (un río, un océano, un torrente o cualquier agua en movimiento), reza sobre él (para hacer que los chismosos se alejen de ti) y lánzalo al agua lo más lejos que sea posible. Da las gracias a los Espíritus del Río por ayudarte en el trabajo y deja una ofrenda (monedas sueltas, algo dulce o un poco de tabaco). Aléjate y no mires atrás.

8. Refréscate después: Aunque esto no es un trabajo de hechicería, tiene, ciertamente, un cierto punto energético, y recomiendo encarecidamente darse un ligero baño para descruzar como el Baño de Limpieza de la Tienda de Comestibles (cap. 4).

Protección de los activistas y manifestantes

1 vela roja de siete días en contenedor de vidrio

4 velas pilar doradas o amarillas

Agua Florida (cap. 2)

angélica (cap. 5)

sello de oro (cap. 5)

equinácea (cap. 5)

jalapa (cap. 5)

aceite de oliva (*véase más arriba*)

cuchillo para mantequilla

papel de horno

pelo de gato negro

hierba de limón (cap. 2)

tabaco (cap. 2)

alcanfor (cap. 2)

sándalo (cap. 2)

hierbabuena/menta (cap. 2)

ruda (cap. 2)

1 pizca de sal

petición

plato

Vela roja de siete días en contenedor de vidrio: Representa al activista y los recursos que necesita para verse fortalecido, seguro e invisible frente a todos los agresores, contramanifestantes y la policía, vistos o no vistos.

Velas pilar doradas o amarillas: Serán nuestras guardianas, protectoras, centinelas y guías para que rodeen al activista con su energía y le protejan del mal.

Angélica: *Véase* el cap. 5.

Sello de oro: *Véase* el cap. 5.

Equinácea: *Véase* el cap. 5.

Jalapa: *Véase* el cap. 5.

Pelo de gato negro: En las tradiciones mágicas de América, los gatos negros poseen las energías del sigilo, la suerte, la invisibilidad y el acechar a sus presas y están inherentemente conectadas con los mundos no vistos y sobrenaturales. «Espíritu de los Gatos Negros, asístenos, guíanos y protégenos mientras luchamos por la justicia, la igualdad, la valía y el valor humanos, y el cuidado y la elevación globales. Ayudadnos, Gatos Negros, a ser invisibles frente a todos los enemigos, contramanifestantes y agentes de los cuerpos policiales que buscan perturbar y provocar daño. Ayudadnos a reunir nuestras fuerzas, a ser sigilosos con nuestros planes y a posicionarnos silenciosamente para lanzarnos cuando el momento sea el adecuado. Espíritu de los Gatos Negros, respalda este trabajo y sé un aliado en todas nuestras batallas. Estate con nosotros, Gato Negro, mientras reclamamos la victoria y el éxito».

Hierba de limón: *Véase* el cap. 2.

Tabaco: *Véase* el cap. 2.

Alcanfor: *Véase* el cap. 2.

Sándalo: *Véase* el cap. 2.

Hierbabuena/menta: *Véase* el cap. 2.

Ruda: *Véase* el cap. 2.

Aceite de oliva: *Véase* más arriba.

Sal: *Véase* el cap. 4.

1. Limpia y purifícalo todo.
2. **Sellar:** Unge el plato en cada una de sus cuatro esquinas mientras rezas en voz alta y pronuncias la petición.

3. **Escribe la petición:** Siguiendo las instrucciones que aparecen más arriba, escribe la petición y luego colócala en medio del plato.

4. **Crea la carga para la vela roja:** Mezcla angélica, sello de oro, equinácea, jalapa, hierba de limón, tabaco y el pelo de gato negro, añade un chorrito o dos de aceite de oliva, reza encima de la mezcla y pronuncia tu petición en voz alta, y luego aparta la mezcla a un lado.

5. **Crea la carga para las velas guardianas:** Mezcla angélica, tabaco, alcanfor, sándalo, menta, ruda y una pizca de sal, añade un chorrito o dos de aceite de oliva y reza verbalmente.

6. **Carga la vela roja:** Esta vela representa a los activistas y es el centro de este trabajo. Usa el cuchillo para mantequilla y forma, cuidadosamente, un bolsillo en el que puedas colocar la carga (*véase* más arriba para obtener detalles sobre este proceso). A continuación, añade la mezcla y luego otro pequeño chorrito de aceite de oliva, reza y pronuncia tu petición en voz alta, y luego cubre la carga mágica con la cera que has sacado al formar el bolsillo en la vela. A continuación, reza y pronuncia la petición una última vez, respira tres veces sobre la vela, golpéala tres veces, recorta la mecha y coloca la vela sobre el papel con la petición en medio del plato.

7. **Haz rodar las velas pilar doradas/amarillas:** Toma el papel de horno, esparce encima la mezcla de hierbas y añade un chorrito de aceite de oliva. A continuación, unge las velas, pero esta vez usarás las manos para desplazar el aceite desde la base de la vela hasta el pabilo (estás atrayendo protección hacia ti, así que imagina que estas energías están ascendiendo desde tus pies y recorriendo todo el camino hasta tu cabeza). Ahora haz rodar las velas por la mezcla, pronunciando tu plegaria y tus peticiones en voz alta, y respira tres veces sobre ellas, caliéntalas un poco por la base para pegarlas al plato en las cuatro direcciones alrededor de la vela roja en un contenedor de vidrio y por último recorta las mechas.

8. **Enciende las velas:** Ahora estás listo para iniciar el ritual. Enciende la vela de en medio y pronuncia el nombre o los nombres de la gente a la que querrías rodear de protección, y luego recita tus oraciones y peticiones sobre la vela y visualiza los tipos de experiencias y sentimientos que te gustaría que tuvieran como activistas y mani-

festantes durante el trabajo. A continuación, enciende las cuatro velas guardianas y pídeles que asistan, protejan, guíen y actúen como centinelas mientras los activistas y los manifestantes estén en el terreno. Luego visualiza e imagina las formas en las que tu gente se verá protegida y guiada (a algunas Brujas les gusta quemar sangre de dragón o algún incienso protector para fortalecer todavía más el trabajo).

9. **Eliminación:** Me encanta tomar los restos de la vela y meterlos en una pequeña bolsa para amuletos para que la lleve la persona mientras hace su trabajo. También puedes enterrar los restos en el jardín trasero del cuartel general de la organización o en una planta en maceta en la oficina.

RECURSOS

Libros

ALBUQUERQUE, U. P.; UMESH, P. y MÁTHÉ, Á. (EDS.): *Medicinal and Aromatic Plants of South America*. Springer, Nueva York, 2018.

CHATROUX, S. S.: *Botanica Poetica*. Poetica Press, Ashland, 2004.

CRANE, J.: *Working the Bench: A Natural Botanical Perfumery Instructional for Beginners*. CreateSpace, Scotts Valley (California), 2013.

DUKE, J. A.: *Duke's Handbook of Medicinal Plants of Latin America*. CRC Press, Boca Raton (Florida), 2009.

GARRETT, J. T.: *The Cherokee Herbal: Native Plant Medicine from the Four Directions*. Inner Traditions, Bear & Company, Rochester (Vermont), 2003.

LIGHT, P. D.: *Southern folk Medicine: Healing Traditions from the Appalachian Fields and Forests*. North Atlantic Books, Berkeley (California), 2018.

McCABE, J.: *The Language and Sentiment of Flowers*. Applewood Books, Carlisle (Massachusetts), 2003.

MORIEL, A.: *Foundations of Natural Perfumery*. Ayal Moriel Parfums, Vancouver (Columbia Británica), 2015.

QUIROS-MORAN, D.: *Guide to Afro-Cuban Herbalism*. AuthorHouse, Bloomington (Indiana), 2003.

TORRES, E.: *Curandero: A Life in Mexican Folk Healing*. University of New Mexico Press, Albuquerque, 2005.

—: *Healing with Herbs and Rituals*. University of New Mexico Press, Albuquerque, 2006.

Recursos herbales

Apothecary Tinctura, www.apothecarytinctura.com

Rosehouse Botanicals, www.rosehousebotanicals.com

Scarlet Sage, scarletsage.com
Starwest Botanicals, www.starwest-botanicals.com
Strictly Medicinal Seeds, strictlymedicinalseeds.com

Aceites esenciales y perfumería
Providence Perfume, www.providenceperfume.com
Eden's Botanical, www.edenbotanicals.com
Perfumer's Apprentice, shop.perfumersapprentice.com

Las ofrendas de Lou
Si estás interesado en las ofrendas y enseñanzas en mi comunidad, siéntete con la total libertad de echar un vistazo a algunos de los recursos que aparecen a continuación:

Water Has No Enemy, www.facebook.com/WaterHasNoEnemy.org
Lecturas espirituales y adivinaciones, clases de Brujería: www.louflorez.com
WitchCraft, celebraciones mensuales de escritura y rituales que honran a la luna llena, Instagram @Witch-Craft.999999999
Para hacerte una idea de mis ofrendas mágicas, prueba el té Violet Moon Tea elaborado por Rosehouse Botanicals o mi Violet Moon Perfume, que se vende en mi página web.
Lista de reproducción de Spotify de Lou's Brujería, https://open.spotify.com/playlist/1A08hDZzZc0THMU4cQY8XN?si=90a794f6954b4f21

AGRADECIMIENTOS

Este libro no habría sido posible sin el continuo apoyo y amor de mi familia, los Ancianos y mi querida comunidad. A mi madre y mi padre, a Romana y Louis, y a todos los Antepasados que están celebrando este logro: es su orientación, apoyo y amor el que me ha enseñado cómo encarnar estas medicinas en mí mismo y para mi comunidad. Doy las gracias a Nick, RJ, Leticia y Harishabd, que son mi corazón, y cuya sabiduría, consejos y compañerismo en este viaje me ha llevado a elevar mi trabajo y mi vida. También me gustaría honrar a todas las Señoras y los seres mágicos que han mantenido vivas estas tradiciones y que siguen trabajando en aras de la mejora del mundo.

Mi agradecimiento y profunda gratitud a Eliot Reynolds por empujarme hacia delante en este proyecto y por ser una comadrona y una fuerza positiva constante mientras remataba este trabajo. Gracias a mis Ancianos y mis Maestros (Iyanifa Ifalade Love Ta'shia Asanti, Mariah Prosper, Sharon Varner, Loraine Fox Davis, Iya Tabia y Selah Saterstrom), y a todos los herbalistas tradicionales y mágicos (especialmente a Lynn Flanagan-Till, Maurice Ka, Nicole Smith Johnson y Ruta Lauleva), los hechiceros, las tías y los adivinos que han compartido su sabiduría, conocimientos y corazón.

ACERCA DEL AUTOR

Lou Florez (Awo Ifadunsin) es un Bruje de fama mundial, hechicero, herbalista, trabajador con espíritus, sacerdote, activista y artista que ha estudiado con comunidades indígenas y ancianos de todo el mundo. Sus enseñanzas y sus prácticas se basan en generar conectividad con el cuerpo mediante paisajes físicos, emocionales, espirituales y medioambientales; en crear relaciones vivas y dinámicas de modo que podamos ser conscientes de nuestro poder inherente disponible en cada segundo vivido.

Los escritos de Lou han aparecido en los libros *Remezcla* (2020), *The Wild Hunt* (2017) y *Bringing Race to the Table: Exploring Racism in the Pagan Community* (2015). También cofundó WitchCraft (2020), una reunión *online* mensual dedicada a la luna llena y que consiste en poesía y experimentos de brujería.

El trabajo de Lou promueve la activación espiritual y el empoderamiento social. Es el director ejecutivo y fundador de Water Has No Enemy, una organización sin ánimo de lucro comprometida con la justicia sanadora en la que crea diálogos transformadores centrados en recuperar la sabiduría indígena mediante la sanación de nuestras relaciones con nosotros mismos, los demás y la naturaleza.

Como sacerdote que preside Ile Ori Ogbe Egun (2021), un templo de la Federación Internacional de Aromaterapeutas que honra a Orisha desde una perspectiva global, Lou crea una comunidad, servicios y programación centrados en Orisha basados en la teología de la liberación y sus prácticas. Lou organiza talleres y experiencias educativas prácticas sobre la Brujería, la herbología y la magia negra, y conferencias sobre los puntos de encuentro intersectoriales del arte, el activismo y la hechicería en universidades y facultades.

También produce y dirige una línea de perfumes, aceites y baños artesanales basados en la Brujería y un jardín de medicinas cooperativo ubicado en Los Ángeles.

Para obtener más información sobre Lou y su trabajo, visita www.louflorez.com

ÍNDICE